*Rich*致富*205*

選對外幣
10萬賺進1,000萬
100%基本面實戰法，長短線皆適用

林洸興◎著

高寶書版集團

致富館 205

選對外幣，10萬賺進1,000萬
100%基本面實戰法，長短線皆適用

作　　者：林洸興
編　　輯：吳怡銘
出 版 者：英屬維京群島商高寶國際有限公司台灣分公司
　　　　　Global Group Holdings, Ltd.
地　　址：台北市內湖區洲子街88號3樓
網　　址：gobooks.com.tw
電　　話：(02) 27992788
E-mail：readers@gobooks.com.tw（讀者服務部）
　　　　　pr@gobooks.com.tw（公關諮詢部）
電　　傳：出版部（02）27990909　　行銷部（02）27993088
郵政劃撥：19394552
戶　　名：英屬維京群島商高寶國際有限公司台灣分公司
發　　行：希代多媒體書版股份有限公司/Printed in Taiwan
初版日期：2010 年5月

國家圖書館出版品預行編目資料

選對外幣，10萬賺進1,000萬：100%基本面實戰法，
長短線皆適用/林洸興著. -- 初版.-- 臺北市：高寶國際,
希代多媒體發行, 2010.5
　　面；　公分 --（致富館；205）

ISBN 978-986-185-452-6（平裝）

1. 外匯投資　2.投資技術　3.投資分析

563.5　　　　　　　　　　　　　　99006395

承擔風險、換取利潤

在國際金融戰場，
你的對手可能是索羅斯、巴菲特，
也可能是國家央行。
但市場不會在乎你的身份，
只要專注於掌握最新變化的人，就能得到獎賞！

—林洸興—

第一部　解讀外幣入門篇

第二部　實戰演練進階篇

【推薦序】
戰勝全球市場的寶典

鉅亨網執行長　刁洪智

　　21 世紀的金融局勢詭譎多變，2001 年發生了網路泡沫，2008 年出現震驚世人的金融海嘯。過去 10 年來的變化超乎人們的想像，不過有一點是無庸置疑的：華人的財富以驚人的速度累積中，兩岸三地的經濟發展已經成為全球金融的主角。在 2009 年，香港股市 IPO 的資金超越美國，成為全球第一，對沖基金也出現爆炸式成長；2010 年，連金融大鱷索羅斯也決定在亞洲設點。在這個全球財富東移的大浪潮中，台灣投資全球化的腳步也十分快速，根據投信投顧公會的資料，光是國內發行的海外投資基金，規模已經占比重高達 18.59%，正式超越投資台股基金的 18.56%。

　　與投資人高度國際化相比，國內金融資訊的腳步
卻相對落後。不論是電視、報紙、網路、台股的資訊
唾手可得，但是國際金融資訊，光是報價與新聞，對
投資人而言，卻相對缺乏。正因如此，鉅亨網耗費的
大量的資金與人力，充實國際金融相關訊息，不論是
美股、ETF、外匯、國際期貨、商品原物料都一應俱
全，給投資人全方位的理財服務。

　　在眾多的國際行情裡，外匯分析研判位居所有國
際投資的樞紐地位，不論是投資股市、債市，還是商
品，都需要瞭解外匯市場的變化。洸興在鉅亨網這幾
年，主要的工作就是透過 blog 與課程，讓投資人瞭解
什麼是外匯市場，如何判斷與應對匯市的變化。誠如
鉅亨的外匯資訊，就像一把鋒利的寶劍，而本書正如
同精妙的劍法，他集合鉅亨外匯課程大成，讓投資人
迅速補足投資全世界的必備知識。

　　投資無國界，華人投資全世界的腳步不會停止，
希望鉅亨網與這本書，能成為各位戰勝全球市場的最
佳幫手。

【推薦序】
外匯市場是全球最重要、最敏感，
也是最錯綜複雜的金融市場！

輔仁大學經濟系教授兼主任　魯慧中

　　外匯市場是全球最大的金融市場，除了受到傳統國際貿易及跨國投資市場的影響外，近年來也深受國際能源及商品市場的價格影響。經濟的榮衰、政治的穩定、甚至天然災害都足以牽動外匯市場的走向。然而，讓情勢更複雜的是：各國中央銀行對外匯控制態度的差異性，使得外匯市場詭譎多變，遠遠超乎經濟學家理性預期的範圍。

　　在大學裡教經濟學，我們總能輕易的在教室中教導學生如何設立經濟模型，利用模型分析各種因素間

的因果關係，進而預測各種經濟情勢的可能性；然而，預測的準確度卻始終困擾著經濟學家。從課本中學習經濟學，可以為我們建構一套完整的市場架構，瞭解市場如何運作；但若須具備精準的預測能力，則得靠著個人對市場資訊靈敏度及解析力的培養。換句話說，唯有透過深入的觀察及體認，才能使得經濟模型的預測力大為提升，而不再淪為「紙上談兵」的學問。

　　大多數學生在畢業之後，總覺得無法靠著課堂中的經濟理論在工作上達到被交付的責任。他們每天必須從眾多經濟數據的判讀，迅速研判經濟金融的走向，並準確判斷其影響的程度及深度，進而進行交易。換言之，在經濟金融領域中，學生們需要的不只是知識，而是如何在戰場上活用知識的技巧。

　　林洸興老師是我們依據這種實戰需求，經過多位教授推薦、為學生尋覓而來的戰場教練。林老師在本系所開授之「經濟指標的分析與解讀」課程，於每週五授課，修課人數是本系選修課程中名列前茅者，其中不乏校外旁聽者慕名而來，也一直被學生公認為

大學生涯最有收穫的課程之一。林老師也不時指導本系學生活用本系獨有之「國際貨幣實驗室」，進行貨幣交易平台之模擬操作，並曾進行多場專題演講，為學生解析外匯市場的走勢。輔仁大學經濟系感謝林洸興老師對本系教學的貢獻，也為今日林老師能夠將其累積多年的外匯金融絕招付梓出版，深感慶幸。期待這本書能為有心投入外匯市場的人士獲取更多的實務技巧，也期盼讀者可經由本書準確預測外匯的波動走勢，進而賺到心中理想的報酬率。

【自序】

　　1997 年，剛進入期貨公司，公司的前輩第一本叫我看的書就是傑西‧李佛摩（Jesse livermore）前輩所撰寫的《股市作手回憶錄》。這位上個世紀初的投機大師有一句名言：「行情往阻力最小的方向前進。」阻力最小是啥？應該就是順勢囉？一開始我與大部份的投資人一樣，從技術分析入手。我的第一筆交易，就是選日圓期貨，當時我的做法中規中矩，日本經濟不振，日圓一直在貶值，跌跌不休，就是順勢做空，風險控管最重要，停損單一定要掛！當天我還特別早到公司，趁著早上 7 點不用聽主管囉嗦，不用跟客戶哈拉行情時，做了一筆空單，然後掛個高於市價 200 點左右的停損單。掛完之後，怎麼日圓報價開始升值？

5 分鐘後，交易室告訴我：「Sam，你的單子都成交了！兩筆！」就這樣，第一筆單子存活了 3 分多鐘，以虧損近 250 點收場（停損單不是照價，還滑價多賠了近 60 點！）當天早上日本央行進場干預，短短 20 分鐘內急升 300 多點！（多年之後，才知道當時被大名頂頂的「日圓先生」榊原英資修理）技術分析、順勢操作似乎不是萬靈丹。當年傑西‧李佛摩似乎也是順勢與逆勢交雜的做操作，「阻力最小」比想像中深奧！

　　這 10 多年來的交易過程，我不斷的在思索這句話的意義。2001 年的 911 事件，讓我見識到了市場的變幻無常。當年讓我投資重傷的，並不是 911 這個獨一無二的歷史悲劇。我閃過了當時的科技泡沫，也避開的賓拉登的襲擊，卻在 1 個月後的納莉風災中滅頂。2004 年 319 事件，再度讓我體會到股票市場的巨大不確定性，僅僅一個人登高一呼，就能造成股市如此巨大的波瀾。只要遇到一次這樣的衝擊，即使有嚴謹的風控得以存活下來，之後恐懼造成的心理創傷仍會改變所有的操作節奏，造成混亂與超乎想像的虧損。

　　經過這幾次刻骨銘心的體驗，我發現在金融市場中，想要存活、想要累積財富，順勢逆勢早已不是關鍵。甚至風控與勝率提升仍不足以讓我達到目標，台股的不確定性與脆弱性太高，我需要一個選擇一個更穩定、意外較少的市場。也因此，我決定淡出台股投資，再度回歸到我入門時接觸的國際金融市場。外匯市場的不確定性確實少很多，雖然仍會出現極端行情，但只要瞭解過去的金融史，就會發現最極端的事件都有跡可尋。舉例來說，索羅斯 1992 年抓到的英鎊崩潰，源自於東西德合併造成的失衡；1998 年 LTCM 事件引爆點，是當年的俄羅斯金融危機。在外匯市場，只要花心思搞清楚國際局勢，真的能實現「幾乎沒有意外」的理想。雖然面對未來，仍是有輸有贏，但不易發生一次滅頂的慘劇，更不會發生無法平倉認輸的遺憾。不但如此，外匯市場也是最符合基本面分析與群眾心理學的投資領域（至今我仍不相信基本分析對台股操作幫助！）。在不斷得投資與分析中，我開始對「阻力最小的方向」有了新的體認。

選對外幣
10萬賺進1,000萬

　　只要專注瞭解每一個總體經濟，與基本分析的細節，思考交易對手的心態，找出最符合目前行情變化的邏輯。你會發現，各國做的經濟決策、數據，甚至輿論、未來媒體的頭條，都可以做預測！就好像圍棋高手在對奕時，可以想到幾10步之後對手的路數一樣，這條曲折的路徑，就是「阻力最小的方向」。2007年開始寫「外匯最前線」這個部落格。就是忠實的把每一天的即時想法，決策記錄下來。2008年的金融海嘯，對許多人來說是災難，但對我來講卻是重要的試煉：「面對未來，永遠只能做出不大精準的判斷。只要重複相同的判斷流程，承擔所有的盈虧後果，是否能累積財富？」答案是：「YES」！

　　這個基本面判斷法則，應該只是眾多累積財富的方法之一，並非唯一。希望透過 blog 每一天的文章，與本書的整理，能讓網友與讀者減少一些嘗試錯誤的損耗，及早找出自己的投資之道。

【前言】
零利率的投資世界：日本匯市投資熱潮

　　2007 年 9 月 18 日，美國聯準會（FED）為了解決因為貝爾斯登旗下兩檔避險基金於次貸風暴時清算，引發的貨幣市場崩潰，緊急降息兩碼，從 5.25％降至 4.75％。到了 2008 年 4 月 30 日，美國聯邦利率降到 2％，創下美國史上最快速的降息記錄。2008 年冬天，雷曼兄弟倒閉後引發全球股市崩跌，終於迫使 FED 於 12 月 16 日將利率降至 0 至 0.25％，正式開啟零利率時代。2009 年，歐洲國家全面跟進，英國降息至 0.5％，歐元 1％，瑞士 0 至 0.75％，加拿大 0.25％，加上長期零利率的日本，已開發國家中利率高於 1％的剩下澳洲與紐西蘭。

　　過去 40 年來，全球投資人最熟悉的零利率經驗發

生在日本。日本 90 年代泡沫經濟破滅之後，同樣用大幅降息當作是刺激經濟的主要手段，很不幸的，在過去 18 年中效果不彰，因此日本投資人變得十分保守，投資股市興趣缺缺，但存款又沒有收益。當時的外幣存款，可以取得 5％以上的利息，又沒有股市中會遇到公司倒閉的風險，於是外匯投資就變成顯學。每個日本家庭主婦都熱中外匯，國際媒體屢次報導日本人妻大軍在匯市龐大的影響力，甚至超越避險基金左右行情的發展。

　　零利率對全球投資環境會產生非常多的影響。其中外匯交易爆炸式的成長將是必然的趨勢。全球外匯交易每日成交量，已經從 2007 年單日 3.2 兆美元，增加到 2009 年超過 4 兆美元，是台灣股票市場的 1,000 倍，美股 30 倍。極佳的流通性，不但讓投資人不用擔心發生買不到或賣不掉的窘境，也讓外匯市場成為一個沒有內線的市場。然而，大部份非經濟面的消息，都不足以撼動市場走勢。2002 年 1 月時，曾經發生一個有趣的案例：美國總統小布希（George Bush）曾經

在晚上因為吃餅乾咽到而短暫昏迷，當日這消息經路
透與彭博公布後，美國 SP500 期指電子盤立刻跌停。
亞股跟著下跌，但匯市幾乎無反應，之後到了美國交
易時段，證實是虛驚一場，股價指數才回升到原先價
位。這可以充份的看出匯市的穩定性。

　　這種穩定性的優勢，讓匯市成為一個遠比股市更
規律的市場，不用擔憂內線，不用害怕人為炒作。只
需要瞭解總體經濟學的原理，就能掌握匯市的分析法
則。投資人若想要瞭解外匯投資，還是從瞭解市場的
遊戲規則學起，最能打下厚實的基礎。

第一部
解讀外幣入門篇

第一課
外匯市場簡介

歷史與延革,目前狀況?

　　外匯市場的發展,時間比股市要短。1973 年布列敦森林體系(Bretton Woods System)瓦解之後,匯率開始自由浮動,才開始近代外匯交易市場激烈的競爭。我們所稱的外匯市場,並不像股票一樣,在集中的交易所交易,所有辦理外匯業務的銀行,專業經紀商,仲介商彼此相互交易,組合成的市場統稱為外匯市場。它的交易機制是自然成形的,就像菜市場一樣,同樣是高麗菜,一斤有人賣 10 元,也會有人賣 11 元,但完全沒有誰對誰錯的問題。外匯市場每家銀行會根

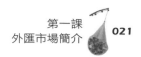

據自己客戶的需求自由報價，也就是說，同樣是歐元，價格是不統一的。讀者可以隨時打開國內幾家大銀行的外匯報價網頁，就會發現每一家的報價都有些微的差異。

　　早期的外匯交易，銀行交易員需要一家一家的打電話，比價之後，再決定到底要和哪家銀行交易。1981 年，路透為了搶食龐大的商機，推出路透交易系統（Reuter Monitor Dealing），讓銀行與交易商可以從路透的單機上看到所有參與銀行的報價，直接在網路上撮合成交。這個系統讓路透取得壟斷的地位與源源不絕的利益。1993 年，花旗、瑞銀、JP 摩根等13 家主要外匯交易銀行，為了打破路透社的壟斷，合資成立了 EBS 電子交易系統（Electronic Broking Services）。由於主要外匯交易（歐元、美元、日圓、英鎊、瑞郎）都掌握在歐美大銀行手上。EBS 系統很快的超越路透，取得即期現貨交易的領先地位。但是遠期匯率，諸如 SWAP、NDF、G7 以外的貨幣交易，仍是路透領先。

選對外幣
10萬聯進1,000萬

外匯期貨市場發展也很早，芝加哥商品交易所CME 在 1972 年就率先推出外匯期貨合約，但發展與現貨市場相較仍然相對緩慢。2008 年初的統計，外匯市場 1 日交易金額超過 3.6 兆美元，期貨交易的合約金額大約只有 5％。股票指數期貨與債券期貨，價格領先現貨，同時期貨結算效應會影響現貨市場等現象，在外匯市場中都不會發生！

由於外匯交易非常自由，並不像股票與期貨一樣有嚴格的法規監管。因此不論是路透，或者是 EBS，參與銀行都有嚴格的資本與信用要求，以確保彼此不會違約。這讓外匯市場成為一個 100％的法人市場，一般投資人只能間接參與。法人擁有全部的報價權力，但相對的，法人必須對流通性負責。舉例來講：今日不論你要換匯 100 歐元還是 1,000 萬歐元，你都只能選擇接受銀行報價，或者等待。銀行的報價，不會因為你買了 1,000 萬，就多跳幾分錢；銀行也不能因為隔天美國聯準會 FED 要開利率會議，就停止外匯報價或者只賣不買做單方向交易。

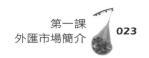

　　雖然一般投資人仍是外匯交易最終的需求者，但是法人掌握短線價格的決定權，加上數不清的衍生性商品對應的避險與套利需求，也是法人主導，只要瞭解法人的交易邏輯，就會發現外匯市場有許多一成不變的規律性存在！所有的銀行與交易上做外匯交易，主要的目的與一般投資人完全不同。法人並不想預測未來，透過差價大賺一筆；銀行希望的是，找出目前最均衡的價格，讓想買歐元與想賣歐元的金額大致相等，那麼銀行就能穩穩的賺取買賣價之間的價差。也就是說，銀行交易員的想法與運動賭盤、賽馬賭盤的盤口定價機制是一樣的，目的在滿足交易量，所以他們不會對盈虧產生捨不得買賣的心理障礙。此外，幾乎所有的銀行交易員，首席分析師，都是貨幣學派的信徒，熟悉總體經濟學與貨幣銀行學，對所有經濟數據變化第一時間的反應，全部雷同！

　　後面的章節，我會重複的運用這兩個重要的原理，來闡述匯市短期與長期的節奏。

布列敦森林體系小常識

　　布列敦森林體系（Bretton Woods System）的建立與瓦解是近代金融史中最重要的事件。由於美國經濟遭受 1929 年大蕭條，遲遲無法復甦，1933 年 4 月美國總統羅斯福宣布「黃金法令」，強制收購國內所有黃金，禁止流通，正式廢止金本位制度。同年 5 月，宣布美元對黃金貶值 41%，加上各種新政，終於讓美國經濟開始出現復甦的綠芽。到了 1944 年 7 月，二次大戰結束後，各國代表為了重建戰後金融秩序，在美國新罕布夏州的布列敦森林（Bretton Woods）舉行會議。會議中決定美元對黃金的兌換比例為 1 盎司黃金＝35 美元，各國與美元間採固定匯率，同時允許小幅波動：1 英鎊＝2.8 美元，1 美元＝3.66 德國馬克，1 美元＝360 日圓。此外，各國央行可以視經濟與貿易局勢調整與美元的換匯比率（這制度與目前中國人民幣採行的匯率政策相同）。布列敦森林會議定下這種固定匯率，讓每個國家透過與美元的匯率，決定本國貨幣的含金量，但各國又不需爭奪黃金庫存，就能達到增加貨幣發行促進經濟成長的目的。由於每個貨幣央行都會宣布正式的含金比例，但一般民眾無權向銀行自由兌換成黃金，國家的央行黃金儲備不會因擠兌而缺貨，經濟學家把這樣的貨幣制度稱為金兌匯本位。

　　布列敦森林會議中，還成立了三個國際金融機構：國際貨幣基金 IMF（International Monetary

Fund）、國際清算銀行 BIS（Bank for International Settlements）、世界銀行（World Bank）。

　　1971 年，由於美國的貿易逆差持續擴大，造成各國央行對美元價值不信任，為了自保，德法央行紛紛向美國提出提領黃金現貨的要求。8 月 15 日，美國宣布停止美元兌換黃金的關系，同年 12 月，10 國集團達成「史密森協議」（Smithsonian Agreement），宣布美元兌黃金從 1：35 美元貶值到 1：38 美元。各國匯率放寬對美元波幅，但局勢仍持續惡化，到 1973 年 3 月，各國退出布列敦森林體系，固定匯率正式瓦解，匯市進入自由浮動的時代。同時，也正式終結了黃金數千年來的貨幣地位。黃金不再是貨幣，與貝殼一樣，回復為商品一員。

　　在 1944 至 1973 年，近 40 年的時間裡，美元建立起僅次於黃金的價值保證地位，加上美國經濟與貿易量遙遙領先世界各國，確立了美元成為國際結算貨幣的霸權。1973 年後，所有新興市場國家依然將美元儲備當作是本國貨幣價值的擔保。美元的地位反而更加穩固，牢不可破，一直到今日仍無改變。在可預見的未來中，仍然看不到任何可以挑戰美元地位的替代品出現。不論是歐元、IMF 的特別提款權、人民幣，本身都有重大缺陷（後面章節會再詳述）。若讀者對近期國際局勢的變化略有認識，就會發現目前狀況與這段歷史變革有許多相似之處。我相信，思考未來各國匯率走勢的變化時，瞭解布列敦森林體系的成立與瓦解，能獲得許多啟發。

匯市交易時間

　　目前全球外匯交易，已經串聯成 24 小時完全無間斷。從早上 5：00 am（書中所提都以台灣時間為準，格林威治時間 GMT +8）紐西蘭開盤，之後日本，香港，歐洲，英國依序開始交易，一直到美國紐約隔日凌晨 5：00 am 收盤。每週的交易時間，從週一早上 5：00 am，到週六凌晨 4：00 am。美國股市收盤時間是 4：00 am，平常銀行交易時段較長到 5：00 am，週六與假日例外（冬令時間，全部往後移 1 小時）。

　　由於是 24 小時交易，每天都沒有實際的收盤時間。國際慣例是，大部份的外匯技術分析線圖，都會用美國收盤時段當作日線的分界。隔夜利息的收付，也以是否持有部位越過美國收盤時間來判定。

主要外匯交易中心交易時間（GMT+8，夏令時間）

紐西蘭	5：00 am ～　1：00 pm
澳洲雪梨	6：00 am ～　2：00 pm
日本東京	8：00 am ～　3：00 pm
香港	9：00 am ～　4：00 pm
德國、法國、瑞士	3：00 pm ～ 12：00 pm
英國倫敦	4：00 pm ～　1：00 am
美國紐約	8：00 pm ～　5：00 am

　　匯市交易雖然是 24 小時，但是交易量的分布極為不平均，70％以上的交易量在倫敦與紐約，其它國家包含日本都顯得微不足道。其中交易量最大的是倫敦，雖然英國的經濟實力遠遠落後美國，也被日歐與中國超越，但由於一次世界大戰之前，英國是全世界的金融中心這段歷史，加上美國許多資金偏愛在海外交易（主要是為了避稅），倫敦因此成為海外美元最主要的集散地。倫敦的銀行間美元拆款利率「Libor」，被視為美元指標利率，全球超過 40％的衍生性商品定

價與 Libor 有關。紐約開盤後，才是一日當中交易量最大的時段，因為 8：00 pm ～ 11：00pm，紐約與倫敦交易時段重疊。11：00 pm，稱為倫敦定息時間，這時間倫敦交易商會決定許多商品的隔夜利率與定價。過了 11：00 pm，交易轉趨清淡，專業的外匯交易人士作息，會以 3：00 pm 至 11：00 pm 為主。

　　一般的投資人若想觀察匯市與做交易，一樣不用 24 小時盯盤。行情主要的發展會集中在 2 個時段：一個是 2：30 pm ～ 5：30 pm，其中包含 3：00 am 歐洲股匯市開盤，4：30am 英國公布重要數據，5：00 歐盟公布重要數據。另一時段是 8：00 pm ～ 11：00 pm，包含 8：00 pm 匯市開盤，8：30 pm 美國數據公布，9：30 pm 美國股市開盤，10：00 第二波數據公布，11：00 倫敦定息。長線與定存為主的投資人，甚至只要每天早上看一下美國收盤的結果即可，就像早期台股投資人看晚報做股票一樣，同樣可以做出很好的決策。實務交易中，花愈多時間看盤，對應的投資報酬率經常是反效果！

　　台灣與亞洲的投資人，比較大的困擾就是：外匯主要交易在歐美時段，台灣的銀行已經關門，無法做交易。因此，**銀行的外幣綜合存款帳戶並不適合做短線交易，短線必須使用期貨，或者其它歐美金融業提供的交易平台與工具。**不過外匯市場正常波動幅度遠小於股市，趨勢發展也較為穩定，因此即使在美國收盤後再做決策，仍可以取得可觀的投資報酬。只不過，若投資人能觀察歐美時段的行情發展過程，數據公布後市場的即時反應，更能掌握細微的變化，洞燭先機。

貨幣對與匯率的意義

　　許多投資人，剛入門瞭解匯市時，經常對「貨幣」與「匯率」這兩個名詞產生混淆。貨幣本身是沒有價格的，貨幣就是一個國家所有商品拿來計價的基準，只有當一個國家的貨幣需要兌換成另一個國家的貨幣時，才會有價格，這個價格就是匯率。舉例來說，台幣 100 元，不論國際局勢如何變化，都一樣是 100

元，拿去百貨公司，便利商店，能買到的東西價格不會天天變。只有當你想把台幣換成美元，或者歐元時，才會感受到匯率的變化。因此正式的匯率報價形式，都是貨幣對（Currency Pair）的報價。以台幣來說，我們習慣說美元匯率＝ 32.5 元，實際上是美元兌台幣的匯率＝ 32.5，貨幣對國際通用的正式寫法是 USD/TWD ＝ 32.5。

目前全世界每一個國家的貨幣，都以三個英文字母做代號。稱為國際標準貨幣表示法 ISO 4217。台幣是 TWD，美元 USD，歐元 EUR，人民幣 CNY……等，讀者若有興趣可以用維基百科（WIKI）查到詳細資料（http://zh.wikipedia.org/wiki/ISO_4217）。

貨幣對 USD/TWD ＝ 32.5 元，表示 1 美元可以兌換 32.5 元台幣。**貨幣對斜線前面的稱為基準貨幣，斜線後稱為相對貨幣。**因此貨幣對的定義＝ 1 單位的基準貨幣能兌換的相對貨幣數量。

過去慣例，貨幣對國際通用的報價總共有 5 位數，不同貨幣對小數點的位置並不相同。習慣把 5 位

數的最後一位數跳動稱為一點。2006 年之後由於外匯交易商競爭激烈，部份交易系統開始顯示銀行間交易，才有的第 6 位數的報價，但並不多見。例如：

　　台幣：USD/TWD ＝ 32.500（小數點後 3 位）

　　歐元：EUR/USD ＝ 1.4735（小數點後 4 位）

　　日圓：USD/JPY ＝ 100.34（小數點後 2 位）

　　外匯的分析文章中若提到：歐元漲 100 點，意思是漲了 0.01，從 1.4735 漲到 1.4835。但日圓漲 100 點，意思卻是漲了從 100.34 漲到 101.34。

　　雖然貨幣的種類有 100 多個，但主要的交易量都集中在 G7 國家的貨幣上：美元 USD、歐元 EUR、英鎊 GBP、瑞郎 CHF，以上慣稱為匯市四大貨幣，加上澳幣 AUD、紐幣 NZD、加幣 CAD，只有這些貨幣加上港元 HKD（但港元盯住美元，匯率無法自由浮動），目前可以完全自由兌換。其它如台幣 TWD，雖然一樣可以兌換，但台灣是外匯管制國家，所有兌換需要向央行報備，有許多限制自然無法像 G7 貨幣一樣大量

流通。習慣上匯市把貨幣對報價分成三大類：第一，
直接報價；第二，間接報價；第三，交叉匯率，其中
對美元的貨幣對又統稱為主盤貨幣。

主盤貨幣	直接報價	EUR/USD GBP/USD AUD/USD NZD/USD
主盤貨幣	間接報價	USD/JPY USD/CHF USD/CAD USD/TWD USD/CNY ……
交叉盤	交叉匯率	EUR/GBP AUD/JPY TWD/ZAR ……

　　貨幣能排在美元前面的直接報價，就只有英、
歐、紐、澳這四個，歐元的排序永遠在最前面，其次
是英鎊。紐澳以前是大英國協的國家之一，歷史因素

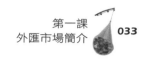

讓它們成為直接報價的一員，其它所有國家貨幣排序都在美元後面。若新興市場貨幣與 G7 貨幣排序，G7 優先，比如說：JPY/TWD。而兩個新興市場國家貨幣排序，就沒有一定規則。**直接報價根據貨幣對的定義，EUR/USD = 1.4835 就是 1 歐元的價值；但是間接報價 USD/TWD = 32.500，實際上代表的是 1 美元的價值。**間接報價貨幣對上漲，台幣從 32.5 變成 33.5，是台幣在貶值，與技術分析圖形上的漲跌意義是相反的。

　　瞭解這個國際慣例，未來在閱讀匯市相觀報導與分析時，比較不容易誤解，也方便匯市投資人彼此溝通順暢。

匯市習慣用語與名詞解釋

　　除了貨幣對的意義與報價之外，還有一些基本名詞投資人必須瞭解：

選對外幣
10萬賺進1,000萬

1. 匯率是雙向報價

　　銀行既然掌握了絕對的報價權力，同時擔負承擔流通性的義務，因此銀行的報價隨時都會有兩個價錢：買價（Ask）與賣價（Bid）。投資人若覺得容易混淆，也可以直接用股市習慣的內盤價與外盤價稱呼即可。

　　EUR/USD ＝ 1.4735/37（1.4735 ＝賣價 Bid，1.4737 ＝買價 Ask），投資人要市價買進歐元，價格就是 1.4737，賣出就是 1.4735。Ask 與 Bid 價差 2 點，稱為點差（Spread）。銀行只要報價，就必須接受交易，因此雖然銀行有隨意報價的權力，但當它不知道投資人要做買方或者賣方時，銀行的報價就無法偏離市場其它銀行的報價均值。若兩家銀行間報價出現太大差異，自然會有專業機構進場套利，至價差消失為止。買賣點差，就是銀行與外匯交易商主要的獲利來源，一般我們在分辨銀行與外匯交易平台優劣時，主要就是看點差。**點差愈小，代表投資人愈有利，同時也表示這家銀行外匯交易量較大，競爭力強。**

2. 匯市的交易單位

　　在比較早的年代，銀行間的外匯最小交易單位是 100 萬（至今 EBS 交易系統仍是如此）。當時稱 100 萬為「1 球」，之後外匯保證金與期貨交易興起，許多交易商開始接受 1 單位 10 萬的金額，一般延用香港的習慣用語，稱 10 萬一單位為「1 手單」。2000 年之後網路交易大幅降低交易商的人事成本，開始出現 0.1 手單＝ 1 萬的小額交易，甚至 1 單位＝ 1,000 的超微型交易帳戶也開始有交易商推廣。不過 1 單位＝ 10 萬仍是最常見的交易合約。

　　銀行的外幣綜合存款帳戶大部份都沒有金額限制，但是銀行只能存款，無法在看壞貨幣走勢時做放空交易。

3. 匯市操作的盈虧計算

　　舉例來說，買進一張台積電股票，若價格從新台幣 60 元漲到 61 元，1 張股票能賺 1,000 元，大部份投資人都可以直覺反應，根本不用計算。但歐元 EUR/

USD 1.4700 買進，漲到 1.4800 賣出，到底能賺多少，大部份投資人確不大清楚。計算的方式如下：

(1)盈虧的計算與持有的數量有關。買進 EUR/USD 1 手＝持有 10 萬歐元，但買進 USD/JPY 1 手＝持有 10 萬美元。你持有的貨幣是貨幣對報價中的基準貨幣，因此不同貨幣對 1 手的價值是不一樣的。

(2) 10 萬歐元從 1.47 漲到 1.48，會賺 $0.01 \times 100,000 = 1,000$。單位是美元！不是歐元。因為當你持有 10 萬歐元時，不論匯率如何漲跌，手中仍是歐元，只有當你再換匯成美元時，才會產生盈虧。

使用外幣存款帳戶時，比較不會產生這樣的困擾，反正大家都很清楚，換回台幣時就能算出是賺錢，還是賠錢。

外匯入門的背景常識，習慣的名詞與用語瞭解後，投資人就可以立即上網閱讀外匯相關的財經新聞，交易商的分析報告，並且觀察行情變化。直接向市場學習，是瞭解外匯市場最快的途徑！

影響匯市波動的原因

在股票市場中，投資人的獲利來源主要有兩個：一個是股息收入；另一個是股價波動產生的資本利得價差。長期投資者認為，股息收入的重要性遠遠高於價差。當一個公司配股能力大增時，股票價值自然會增加，帶動股價上漲，外匯市場也是相同的道理。目前，由於衍生性商品交易暴增，真正貿易實質需求產生的外匯交易量，已經低於日常交易量的 1％。其它99％都是投資的需求，而匯市的投資報酬就來自於兩個貨幣之間了利率差異。一家公司 1 年能賺多少錢，分析師只能根據各種線索做猜測，變數多，連公司經營層都說不準，但國家的利率，確是人（央行）規定的，這也是匯市走勢遠比股市還要規律的主因。

雖然總體經濟學中對匯率波動與供需，有各種不同的理論，如購買力平價說，國際收支說，利率評價說。但從過去 10 年的實務經驗可以發現，利率的影響

力，遠遠高於其它因子。80 年代到 2002 年以前，只要市場傳出美國雙赤字（貿易赤字與財政赤字）高漲，美元就會大貶。但是近年來，美國貿易赤字即使屢創新高，匯市卻無人理會，行情聞風不動，主因就是投資需求的比重不斷的升高。

經濟學家認為實質利率應該約略等於經濟成長率（GDP）。此外，經濟學家歐文·費雪（Irving Fisher）曾經提出重要的費雪效應公式：

名義利率（也就是你我實際能收取的利率）
＝實質利率＋通貨膨脹率

也因為如此，一個國家的利率應該與該國的GDP，以及通貨膨脹率是同向的，意即國家的經濟愈好，或者通膨高漲，利率都該愈高。這時全球的投資人受到高息的吸引，熱錢大量流入，匯率就會不斷走升。

1970 年之後傳利曼（Milton Friedman）的貨幣學

說成為各國央行奉為圭臬的主要理論。經濟學家與央
行行長們相信，透過控制利率，能掌控貨幣供給的增
減，達到促進經濟成長與控制通膨的目的。2008 年
的金融海嘯，讓貨幣學派與自由市場運作受到世人極
大的質疑，不過這對外匯投資者來講並沒有太大的影
響。如何讓國家的經濟變好，交給央行行長去傷腦筋
即可，你我的角色是投資人，我們的目的是猜測匯市
未來的漲跌，只需要猜央行會怎麼做，就能猜到未來
資金的流向。掌握匯率的趨勢，透過各種經濟數據，
猜測央行下一步利率動向，就成了影響匯率走勢最大
的動力。投資人在各種外匯分析報告中可以看到，央
行利率展望的分析總是占據最大的篇幅。

　　1993 年史丹佛大學約翰‧泰勒（John Taylor）分
析美國聯邦利率走勢，提出泰勒法則（Taylor's Rule）：

$$I = I' + a (N - N') - b (U - U')$$

I ＝名目利率

I' ＝目標利率

選對外幣
10萬賺進1,000萬

N＝通貨膨脹率

N'＝目標通膨

U＝失業率

U'＝充份就業下自然失業率

a、b是參數

簡單來說，只要知道美國的通貨膨脹率與失業率，就能估算出 FED 的最合理利率。根據過去的利率變化，可以直接將上述公式簡化，並取得參數。導出經驗公式：

FED 聯邦基金利率

＝ 8.5%＋ 1.4×（核心通貨膨脹率－失業率）

90 年代之後，GDP 公布對股匯市的影響力逐漸下降，就業與失業狀況躍升為影響市場最重要的數據。

1995 年之後，由於日本大幅降息，利率與 G7 其它國家產生巨大利差，借出日圓買進高利率貨幣的套

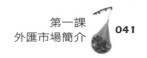

息交易成為對沖基金的最愛，大行其道。這樣的交易
行為讓匯率走勢與股市的連動性大幅增加，只要股市
暴跌，或者債市出現違約的危機，套息交易為了規避
風險，就會大量平倉，造成匯市巨大的波動。1987 年
美股黑色星期一大崩盤，匯市並沒有太嚴重的波動
（參見下圖）。

1987 年股災日圓走勢

1987 年 10/19 美股大崩盤，日圓先升後貶

選對外幣
10萬賺進1,000萬

套息標的對風險敏感反應

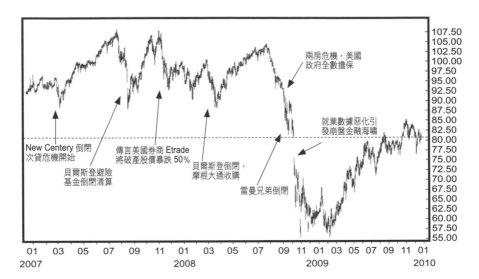

但 1998 年 LTCM（長期資本管理公司）倒閉事件，就引發了日圓暴升，到了 2007 年後次貸危機與金融海嘯，這種風險引發的極端波動蔓延到所有貨幣上（參見上圖）。2009 年之後，美國利率降到 0 至 0.25％，美元出現取代日圓成為套息貨幣主角的徵兆。金融市場「風險」的增減，成了重要性僅次於利差的判斷因子。

　　各位讀者看到這麼多經濟學原理與數學公式，感到頭暈嗎？別擔心！身為投資人，我們只需要知道影響匯市有兩大主因：「利率」與「風險」。其中判斷利率最重要的是瞭解央行的態度，央行在做利率決策時，就業、通膨，與經濟成長是最重要因子。風險影響匯市的主因來自於套息交易，股市與債市的風險偏好，都會造成匯市波動。如何透過數據、指標、新聞，以及行情對應的走勢，分析這些漲跌因子，在進階篇中，會有更詳細的敘述與實務案例探討。$

第二課
一天內不同時段匯市的特性

何為亞洲盤？

投資人在觀察匯市的變化之前，首先必須要瞭解一天內不同時段匯市的特性，可以藉此減少誤判的機率。

亞洲盤時段（5：00 am ～ 2：00 pm）：在此時段交易相對清淡，主要數據公布是日本與澳洲，日本經濟數據大多在日本盤前公布（7：30 am ～ 7：50 am），澳洲數據在 8：30 am，大部份數據都不受到投資人重視，行情也幾乎沒有反應。對行情有影響力的數據只有兩個：

1. 日本、澳洲、紐西蘭利率決議

　　日本公布時點在中午 12：00am。日本央行每月大約 20 日左右集會。目前由於日本持續維持零利率，可能未來數年都無變化，對行情影響也不大。澳洲公布時間在 11：30 am，但過去已數次更改公布時間。未來投資人仍該注意金融行事曆上正確的時點（http://www.cnyes.com/forex/forex_index.aspx）。紐西蘭央行公布時點在 5：00 am。紐澳是金融海嘯後，最有實力做利率調整的國家，對紐澳幣長短線走勢有巨大影響。

2. 日本央行短觀報告

　　日本短觀報告每季季初公布，時間一樣是日本開盤前，這是日本央行對國內景氣的調查正式結果，影響力對股市較大，對匯市來講，在央行完全沒有任何升息意圖下，短觀愈好，反而愈容易讓日圓貶值。

　　整個亞洲盤時段，正常狀況波動都不大，行情的節奏與凌晨時段類似。主要是前夜歐美行情走勢技術性獲利了結產生的修正：若前夜歐美時段是上漲，則

凌晨時段走勢

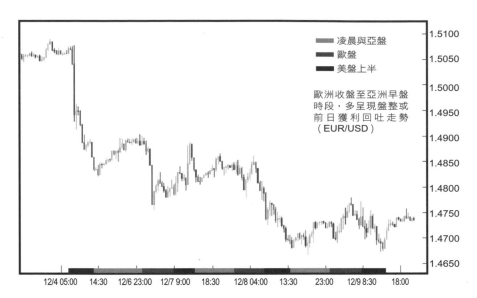

早盤容易小幅回檔，歐美時段是下跌趨勢，則容易小

幅反彈。一直到 12：30 am，日股下午盤開盤，市場

情緒就可能出現變化，轉為開始反應對歐洲市場開盤

的預期（參見上圖）。只有行情剛突破盤整，或者趨勢

剛出現多空反轉的前一兩天，由於追價與順勢停損力

量強大，行情可能緩步順勢發展。此外，當市場情緒

一面倒時，早盤也可能是順勢發展的行情，但這代表
行情趨勢可能接近末端，當看到這種與正常節奏相反
的情形發生時，操作上可以提高警覺。

此外，套息交易（AUD/JPY 與 NZD/JPY）的投
資人，短線上可以特別注意：由於計息的時間是美國
收盤 5：00 am（夏令時間），短線上前夜持有套息多
單的部位。為了避開日本開盤後的不確定性，容易在
6：30 ～ 7：30 am 這時段平倉出場，當市場發生風
險事件時（比如說前夜美股大跌，或者像杜拜違約，
雷曼倒閉這類高風險事件），套息標的與日圓（USD/
JPY）很可能在 8：00 am 日本開盤後就展開一輪急
跌，這是日圓相關貨幣對的特性，後續的章節會再詳
述。

整體而言。除非你是套息交易的專業投資人，否
則不需要花太多時間關注這時段的行情，因為波動太
小，能得到的資訊並不多，也沒有太多操作的機會。

何為歐洲盤？

　　歐洲盤時段（2：00 pm ～ 7：00 pm，以上為夏令時間，冬令時間全部延後 1 小時）。歐洲正式的開盤時間是 3：00 pm，但行情可能從 2：00 ～ 2：30 盤前時段就已經開始出現明顯波動擴大現象。不過投資人必須特別小心，3：00 pm 之前的波動，經常會突破技術分析關卡，但卻不具意義，不可輕易相信，等歐洲正式開盤後就反向拉回（參見下圖）。

　　會有這類技術分析者俗稱的「騙線」形態，主要就是因為 3：00 pm 之前，許多一般投資人會根據技術分析法則做決策，但 3：00 pm 之後，大量法人、避險基金、各國央行帳戶進場交易，思維與一般投資人完全不同，產生的價格走勢也迥異。銀行的交易員，即使對行情有強烈的主觀看法，也必須等到開盤法人開始交易後，確認交易量，才會反應到價格變化上。

歐洲盤前騙線

歐洲盤前產生的技術分析
突破可信度低
（GBP/USD）

→ 歐洲 4:00 開盤

17:00　18:00　19:00　20:00　21:00　22:00　23:00　12/9　01:00　02:00　03:00　04:00　05:00　06:00　07:00

　　依過去的經驗，行情重要的趨勢發展起點，有
40％的機率從歐洲開盤時段展開，所以3：00 pm ～
5：00 pm 是一般投資人做交易與決策的最佳時機，若
投資人每天打算只花一點點時間看盤，這段時間最適
合。在這段時間中，英國的經濟數據在4：30 pm 公
布，歐盟數據在5：00 pm 公布，歐元區成員國會在

2：00 pm ～ 5：00 pm 間公布。由於歐盟的數據是統合歐洲其它國家的數據，公布結果幾乎都與分析師預期相當，因此數據公布時都不會產生意外。5：00 pm時波動並不大，歐盟成員國的數據，即使是最重要的德國，對歐元影響力也都有限，而歐洲盤的行情發展，大多在數據公布前就已經開始反應市場普遍的預期。舉例來說，若分析師預期 5：00 pm 歐洲的消費者物價指數 CPI 大幅增加，遠高於上個月，那麼歐元可能從3：00 pm 就開始上漲，公布後轉為盤整，換句話說，若當日歐洲或美國有重要數據公布，歐洲開盤時段的走勢會特別重要。

英國雖占世界經濟比重不高，但英國數據 4：30公布時，出現意外結果機率較大，使得 4：30 pm 公布時，英鎊較容易出現急漲與急跌，加上英鎊本身波動就比其它貨幣大，許多短線投機客，會偏愛操作英鎊為主，但這對於長線的外幣定存投資人而言，反而是個困擾。

5：00 pm 歐盟數據公布後，時間接近歐洲中午，

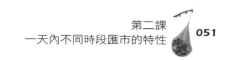

美國還未開始做交易，這時行情會傾向盤整，一直到美國開盤為止。

何為美國盤？

美國盤時段（7：00 pm ～ 12：00 pm）：該時段是一日當中交易最激烈，也是局勢最複雜的時候。老美對行情的解讀，有時會與歐洲人完全相反（參見下圖）。即使歐洲時段行情突破重要關卡，美國盤時段全數拉回，繼續盤整經常發生。

8：00 pm 美國匯市開盤，8：30 pm 美國公布重要數據，9：30 pm 美國股市開盤，10：00 pm 第二波美國數據公布，這四個時間點都可能造成匯率轉折。此外，英國央行 BoE 利率決議（7：00 pm），歐洲央行 ECB 利率決議（7：45 pm，8：30 pm 記者會）也在這個時段，而且美國重要的數據相當多，與分析師預期產生巨大差異頻繁發生，投資人做決策必須眼明手快。

英鎊盤整歐美走勢相異

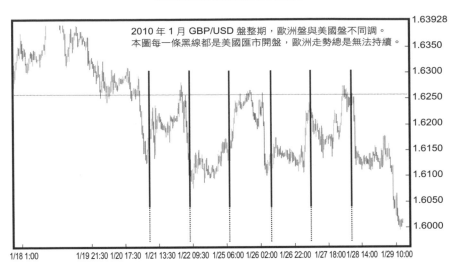

2010 年 1 月 GBP/USD 盤整期，歐洲盤與美國盤不同調。
本圖每一條黑線都是美國匯市開盤，歐洲走勢總是無法持續。

1/18 1:00　1/19 21:30 1/20 17:30 1/21 13:30 1/22 09:30 1/25 06:00 1/26 02:00 1/26 22:00 1/27 18:00 1/28 14:00 1/29 10:00

　　各國央行利率決議，與一部份重要經濟數據（後
面章節再詳述）。有力量完全推翻現有技術分析的趨
勢，投資人必須特別謹慎。美股的行情走勢，影響力
倒是其次，不會突然讓行情出現大轉變。也因此，
10：00 pm 後大致上所有的變數都已經發生，若行情
仍是單邊的趨勢行情，順勢追價遇到意外機率較低。
若讀者自認判斷力不足，難以果斷的做出決策，整

個美盤時段都觀望不操作也可以。反正外匯的行情波動，遠低於股市，行情的趨勢較為漫長，晚一天做決定，差異不大。

　　短線上，美國盤時段是資訊最多的時候。所以在8：30 pm 數據公布前，銀行與交易商會對當日數據有許多評論，投資人若能觀察這些市場一般的觀點，搭配行情對應的發展，等數據公布後，再持續追蹤行情的變化。如此比較能掌握市場心態情緒的改變，這對預測未來趨勢的發展，會有很大的幫助。除了經濟數據以外，這時段還有一個觀盤重點：跨市場連動性觀察。一般狀況下，美元的強弱，會影響到油價、金價，與其它商品行情（基本金屬與穀物）。但油金各有自己的供需因子存在，當所有行情走勢，與美元相關性愈密切時，表示美元的力量愈大。高連動的行情走勢，經常代表美元的趨勢處於起點或者是末端。

　　11：00 pm 倫敦定息，3、6、9、12 月季末。由於大量衍生性商品定價，有可能在 10：30 ～ 11：00 pm 出現短暫的奇特做帳走勢，其它時候，走勢倒是相當

平淡。過了 12：00 pm，英國收盤後，雖然美國仍有交易。但市場波動轉趨平淡。

凌晨時段二三事

凌晨時段（12：00 pm ～ 5：00 am），也就是半夜時段。是一整天行情與消息最清淡的時刻，請安心入眠去吧！你會發現，一覺醒來，什麼事情都沒有，天下太平。這段時間，只有一個重要數據：美國聯準會（FED）利率決議。FED 每 6 週開一次會，會議結果在 2：15 am 公布。FED 會議非常重要，能引發股匯市大漲大跌，投資人若有興趣，熬夜欣賞一次即可。一般狀況下，FED 決議時並不容易做出理想的交易決策，與美盤 8：30 公布的數據類似。最好等 2 小時後，行情已經發展一小段時間，才會比較明朗。既然要再等 2 小時，到 4：00 pm，美股也差不多要收盤，那乾脆白天再做決定即可。

雖然凌晨時段枯燥無味，但由於不會有消息干

希臘降評時凌晨套息走勢

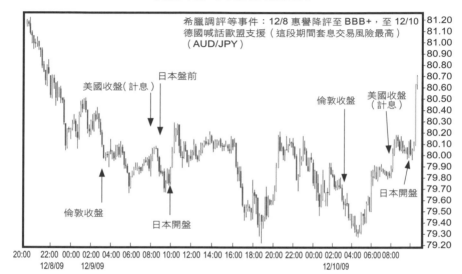

擾，行情又狹幅盤整。這時段的行情發展，與亞洲盤
時段類似，主要是歐美時段行情的修正，力道來自於
獲利了結平倉出場的需求。對於短線投機客而言，倒
是個發展程式交易的好時機。只要使用 KD、RSI、布
林通道（Bollinger Band），目標抓 20 ～ 30 點左右的行
情，勝率會不錯。這時段中，套息標的（AUD/JPY，
NZD/JPY）也是值得操作的目標。由於大家都知道美

國收盤 5：00 am 為計息時刻。因此，1：00 ～ 3：00 am，短線套息投資人就會逐步買進，等收息後再賣出。即使市場發生風險事件，逢低承接套息標的者依然踴躍，造成 2：00 am ～ 7：00 am 這段時間易漲難跌的特性。夜貓子有興趣可以嘗試這個短線交易，只不過要記得，別睡過頭，早上要在日本開盤前平倉！$

第三課
不同貨幣對的特徵

歐元

　　不止是一天 24 小時內不同的時間特性不一樣。不同的貨幣對屬性也有很大差別！ G7 貨幣中，數於歐洲貨幣有三個：歐元（EUR/USD），英鎊（GBP/USD），瑞郎（USD/CHF）。由於這三個經濟體地理位置相臨，經濟狀況不易出現分歧，三者匯率同步性相當高，其中，歐元是主體，歐元目前占全球外匯日交易量已經高達 25％以上，而且在美元指數中占比重57.6％。歐元被視為美元的替代品，美元升值就等於歐元貶值，其它所有非美元貨幣的走勢，都受到歐元影響。歐洲、美國、英國的經濟數據，對歐元走勢都

選對外幣
10萬_{賺進}1,000萬

美元指數組成與由來

　　美元指數（US Dollar Index）期貨代號 DX，是投資人拿來判斷美元強弱勢常用的工具。

　　DX 是 1985 年 NYSE（紐約棉花交易所）為了進軍金融市場首度推出的期貨商品。DX 中使用的外幣和組成權重與美國聯邦儲備局的美元交易加權指數一樣。基期採用 1973 年 3 月份布列敦森林協議瓦解。貨幣開始自由浮動，這個時點的美元指數設定為 100。也就是說，若美元指數＝ 75 那表示現在美元比 1973 年貶值 25%。現在的美元指數組成為：

【EUR 歐元】57.6%

【JPY 日圓】13.6%

【GBP 英鎊】11.9%

【CAD 加幣】9.1%

【SEK 瑞典克朗】4.2%

【CHF 瑞士法郎】3.6%

會產生影響。因此，歐元是所有貨幣中，最適合拿來做短線交易的幣別。投資其它貨幣，甚至股市、債市、基金的投資人，也必須對歐元走勢有一定程度的瞭解。

從長線來看，只要判讀並預測歐洲央行 ECB 與美國聯準會 FED 的利率變化，就能掌握歐元的走勢。事實上，所有的經濟數據變化，都只是拿來判讀各國央行利率展望變化的材料。因此，投資人該先行瞭解各央行的背景，央行行長個人偏好的經濟理論（請參考央行會議章節），並以此為基礎，觀察經濟數據時才不易產生誤判。

短線上，美國的經濟數據影響力最大；而歐元區各國（如德法義）公布數據時，本身只是歐元區的一部份，影響力不足，匯市只對德國數據會有些微反應。而歐元區整體的數據，是統合各國數據產生的結果，公布時幾乎完全與分析師預期相同。因此，行情會在公布前緩慢發展，公布後反倒是不會產生進一步的波動。

歐元長期走勢 VS 利率

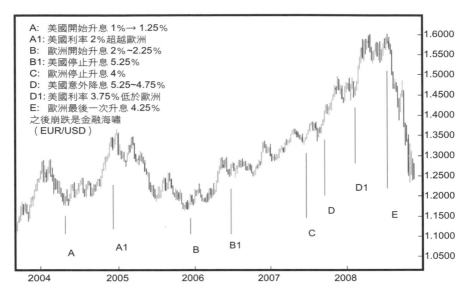

A: 美國開始升息 1%→ 1.25%
A1: 美國利率 2% 超越歐洲
B: 歐洲開始升息 2%～2.25%
B1: 美國停止升息 5.25%
C: 歐洲停止升息 4%
D: 美國意外降息 5.25~4.75%
D1: 美國利率 3.75% 低於歐洲
E: 歐洲最後一次升息 4.25%
之後崩跌是金融海嘯
（EUR/USD）

歐洲的經濟，大方向上仍是跟隨美國，很難出現
歐洲成長，美國衰退的局面。歐洲與美國是目前全球
少數以自身內需為主的經濟體，貨幣升值對本身經濟
衝擊不大。歐洲經濟體制較偏向社會主義，採許高稅
率高福利政策。因此，正常狀況下歐洲的失業率都會
比美國高，但在經濟走下坡時，消費衰退的幅度遠比

美國輕微。這讓歐洲的經濟成長呈現較穩定狀態，不會大起大落。歐洲的利率調整步調經常落後美國3個月至半年，升降息幅度也遠比美國小。由於歐元是第一個超主權貨幣，歐洲各國經濟之間仍有冷熱差異，但利率統一由歐洲央行ECB掌控，經濟較差的國家難以透過利率政策調整。從2005年歐盟憲法公投被法國否決之後，歐元是否能長期存在的爭議不斷，至今無人知道答案。歐元制度瓦解的危機，揮之不去，未來這議題仍會持續下去，不斷影響投資人對歐元的觀感。

　　歐元的未來，交給經濟學家去思考即可，投資人只需要知道這樣的背景對於歐洲利率政策可能的影響即可。2008年後，歐美利率都有長期維持低利不變的傾向。在這種局勢下，德國（目前並沒有歐洲債券這種東西的存在，歐元區指標利率就是德國債券利率）與美國長債的利差變化，影響力就會突顯出來。從下頁圖可發現，當德美利差走低時，即使FED與ECB利率都沒變化，還是能讓歐元出現貶值走勢。

歐元 VS 德美利差

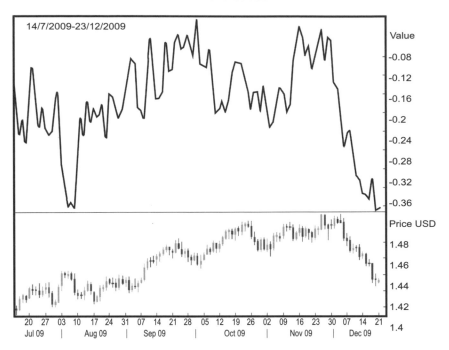

歐元除了要關注央行動作、經濟數據、利差以外，還可以用歐元之間交叉盤的走勢當作輔助判斷工具。當歐元、英鎊、瑞郎三者同步性高時，交叉盤 EUR/GBP，EUR/CHF 會呈現盤整格局。當交叉盤貨幣對走勢激烈時，歐元之間相互牽引，反倒不會是趨

2009 年瑞士央行干預日線

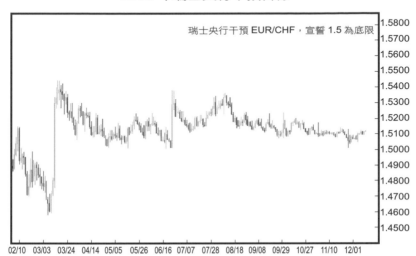

瑞士央行干預 EUR/CHF，宣誓 1.5 為底限

勢行情。此外，歐元中，瑞士法郎的利率經常是三者
中最低的，因此有部份對沖基金把瑞郎當作是類似日
圓套息借貸貨幣的角色，當金融市場有債務違約事件
發生時，就會出現瑞郎與日圓同步，與歐元反向的走
勢。2008 年的金融海嘯，讓日圓大幅升值，瑞郎強勢
的程度讓瑞士央行難以容忍，因此瑞士央行數次進場
拋售干預。EUR/CHF 走勢變成近乎橫盤（參見上圖），

干預造成瑞郎的走勢不易預測。影響可能長達數年之久。投資人可以考慮歐元操作以歐元與英鎊作為主軸，避開瑞郎。

歐元與英鎊，對各類事件，經濟數據的反應。進階篇會做更詳盡的說明。

日圓

判斷日圓（USD/JPY）走勢，與判斷歐元有極大的差異。日圓的走勢，與美元指數的關係，經常變化，導致相關係數在「+1 ～ -1」之間不斷上下遊走。從過去歷史走勢來看，日圓的高點與低點形成的原因，主要有二個：一個是日本政府干預，另一個是風險事件發生。1999 年底，「日圓先生」榊原英資退休，就曾經造成日圓大幅升值近 20％（參見下圖）。干預與風險事件畢竟不是天天會發生的因子，平時對日圓判斷時，先思考套息交易的影響，其次才考慮美元指數的力量。

2000 年後日本阻升

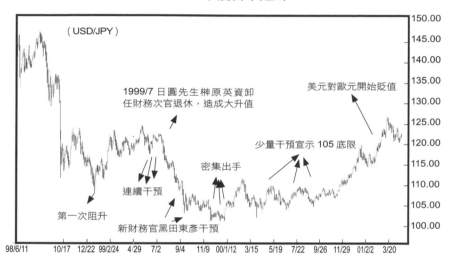

（USD/JPY）

1999/7 日圓先生榊原英資卸
任財務次官退休，造成大升值

美元對歐元開始貶值

少量干預宣示 105 底限

密集出手

連續干預

第一次阻升

新財務官黑田東彥干預

150.00
145.00
140.00
135.00
130.00
125.00
120.00
115.00
110.00
105.00
100.00

98/6/11　　10/17　12/22 99/2/24　4/29　7/2　　9/4　　11/9　00/1/12　3/15　　5/19　7/22　9/26　11/29　01/2/2　3/20

　　干預與風險這兩大因子，無法從任何經濟數據中
找到線索，只能緊盯新聞，日圓匯率的走勢，幾乎對
日本所有經濟數據都沒有反應，不論是顯示日本通縮
的消費者物價指數 CPI，還是就業、GDP、工業生產，
都不會影響日圓。甚至日本央行宣布購買公債的寬鬆
量化政策，投資人依然無視，不過未來若是日本開始
進入升息週期，仍會讓日圓產生巨大升值力量。日圓

選對外幣
10萬賺進1,000萬

日圓先生

　　外匯市場中，有操作過日圓的應該都聽過榊原英資（Eisuke Sakakibara）的顯赫威名！不過，很多人都不知道，榊原事實上從來沒有在日本央行任職過，甚至也不是日本財務省（2000 年前稱為大藏省）首長。榊原的最高職位是 1997 至 1999 年時任職大藏省財務官（相當於副部長），財務官負責所有外匯干預的實際操作。榊原英資會這麼有名，也不是因為他對日圓有獨到的見解與分析，而是因為他在大藏省任值期間，對日圓先做阻貶，之後反向阻升，這其間還經歷了 LTCM 事件。而且榊原的手段非常激進，1998 年 4 月的干預，曾經創下單日動用超過 2 兆日圓的記錄。之後，匯市沒有人敢忽視榊原的任何言論與一舉一動！

　　榊原英資目前任職於早稻田大學。雖然仍是知名的經濟學家，但它已不是日本匯市的決策者，投資人在看待「日圓先生」對日幣走勢的一切分析時，務必記得這段歷史，請讓榊原退去神奇光環，恢復為一般的學者。但也別忘了，現任的日本財務大臣，才是真正左右日圓走勢的人！

升息，是日圓套息交易者最害怕的因子，所有的風險事件，早晚有結束的一天。追逐利潤的資金就會捲土重來，再度擁抱套息標的。但只要日圓升息，套息的背景環境消失，資金必須永久平倉，除了日本央行決議以外，唯一受到日圓投資者重視的數據只有一個：日本央行短觀報告，公布時間在每一季季初（1、4、7、10月），短觀會調查大小型企業的景氣判斷指數。短觀的景氣判斷指數必須是正數，維持半年以上，投資人才會開始重視，評估日本央行升息的可能性。

判斷干預的可能性，並不是天方夜譚，日本政府的動作不會隨心所欲，仍然有跡可循，此可參酌「央行干預」章節。一般來講只有在接近匯率歷史高低點，或者長期盤整的關卡時，才可能出手。而且在實際干預之前，央行大多會做口頭警告，匯市新聞也一定會報導，因此等看到新聞後再提高警覺即可。此外，由於實際執行干預的機構是日本財務省，日本央行的獨立性相對較低，所以日圓的投資人應該要提高對日本政治的敏感度。當日本內閣更迭時，財務大臣也可能

同步變更，這時日圓走勢的不確定性就會大幅增加。
2009 年 10 月，日本民主黨執政，由於選前政黨支持
不干預匯率，但新任財相藤井裕久對匯市的發言卻經
常反覆。日圓因此在 90 元上下遊走，短線漲跌難以掌
握。

　　判斷風險發生的機率，主要還是要從新聞中找
線索，不過有許多跨市場的風險指標可以作為輔助，
可參考「風險指標」章節。套息交易對市場風險事件
會非常敏感，主要是因為過去不論是對沖基金，或者
保證金交易的投資人，都會使用槓桿，擴大利差能得
到的收益。因此，只要市場資金供給出現不順暢，套
息交易就可能同步大量平倉，產生日圓急速升值的行
情。意即套息真正的風險來源，是債市與貨幣市場，
而非股市。只要債市出現違約事件，經常先看到套息
標的急跌，之後才看到股市下挫，日圓與套息標的的
走勢，本身就是領先股市的風險指標之一。美股下跌，
不等於日圓必定會升值，只有在股市由多轉空，或者
急跌時，市場風險規避情緒才會急增，造成日圓升值。

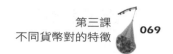

當經濟衰退，股市緩步下跌時，日圓仍可能是緩貶的
走勢。

　　除了風險指標以外，日圓與澳幣（目前利率最高
者），或者歐元的相關性，也值得追蹤。目前主導所有
匯率走勢的兩大因素：一個是美元的力量；另一個是
套息的力量。當美元力量強時，日圓對其它貨幣的相
關性會是正數，當套息力道增加時，相關性會轉為負
數。如果投資人長期追蹤匯市的相關性，就會發現以
週與月作為統計單位的相關係數相當穩定，正負逆轉
發生的頻率 1 年可能只有 1、2 次。

　　但是不論美元要突破盤整，或者風險事件發生
前，相關係數大約能領先 1 個月率先出現變化！當日
圓與其它貨幣相關係數轉為負數後，不等於套息會
立刻崩潰大量平倉，反而會先出現日圓加速貶值的走
勢。2006 年 11 月日圓相關性轉負，當時全球資金瘋
狂追逐風險投資，套息標的暴漲。到了 2007 年 2 月，
就發生了金融機構 New Centery 倒閉，揭開次貸風暴
序幕。

選對外幣
10萬_{賺進}1,000萬

日圓相關係數負數，代表市場投資情緒對風險極度偏愛，或者極度害怕，才能讓套息的力量超越美元，主導匯率走勢。前者經常等同投資市場處於泡沫階段，後者代表市場資金可能因投資人平倉變現需求而產生緊缺。長期追蹤日圓相關係數，不但對操作日圓有幫助，對股市投資，也是相當有效的指標之一。

日圓走勢，是 G7 貨幣中判斷最複雜的標的，如果缺乏對新聞解讀的敏感性，即使對總體經濟基本分析、技術分析十分精通，都還是可能一夕之間出現慘賠。外匯投資的初學者，最好不要以日圓當作主要投資標的，建議將日圓走勢，當作判斷其它股匯市的重要參考即可。

商品貨幣（AUD/USD,NZD/USD,USD/CAD）

外匯市場，習慣把澳幣、紐幣、加拿大幣稱為商品貨幣。因為這三個國家原物料礦產豐富，原物料的價格，對該國經濟影響巨大。澳洲最主要的出口是

礦產：鐵礦與煤礦。事實上，全球煤鐵礦產的儲量，澳洲並非最多，鐵礦儲量最高的是歐洲，次要在俄羅斯，中國排名第三，澳洲第四。煤礦的部份，中國開採量占全球近40％，美國煤礦儲量世界第一，只是不大開採而已。澳洲煤鐵會成為經濟成長重要項目，主因就是亞洲需求旺盛大量進口，澳洲恰好是海運行程最短的出產地。紐西蘭的主要出口物資是農產品：羊毛與牛奶，理論上與亞洲需求無關，產量與氣候關聯較大。加拿大的天然資源相當多元，礦產、農業林業出口都很多，不過影響最大的是原油，加拿大原油產量雖然全球排名一樣不高，但它在美國原油供應國排名第二，美國從加拿大進口的原油，比從沙烏地阿拉伯多20％（美國使用的原油，美加墨三國占供應量65％）。自從油價突破40元關卡後，加國的油砂（oil sand）變成重要的原油開採來源，原油與加拿大經濟的相關度又更高了。此外，加拿大全球天然氣產量與出口量排名第二，因而能源價格高低，對加拿大經濟的影響，遠高於其它礦產。

近幾年來，紐澳幣走勢與商品的關聯持續降低，由於煤鐵礦並沒有期貨交易價格。現貨交易也不暢旺，因此判斷煤鐵礦景氣好壞的先行指標是波羅的海海峽型指數 BCI，目前澳幣的走勢與 BCI 指數近乎完全無關！影響澳幣走勢最大的因素是美元與歐元的強弱，其次是日本套息資金的影響。第三才是考慮澳洲本身的利率展望，商品價格的影響力，反而可以完全忽視，倒是中國的鋼鐵產業政策，需要略為關注變化。

澳洲的經濟數據，澳洲央行 RBA 的利率決議，與就業數據公布，仍會影響短線行情走勢，但無法改變美元指數的力量，其它數據，幾乎無影響力。2008年金融海嘯後，紐澳幣成為少數的高息貨幣，1997～2006 年套息交易的主軸集中在 GBP/JPY，目前資金集中到 AUD/JPY 這個交差盤貨幣對上，套息對澳幣的影響力持續增加。以紐澳幣為定存主要部位的投資人相當多，除了參考歐元與美元走勢外，必須對市場風險有一定敏感度才行。

紐西蘭因為地緣的關係，經濟高度依存澳洲，因

此紐澳幣的之間的相關係數常態高於 0.85 以上，紐幣的走勢幾乎與澳幣完全同步。紐幣走勢，甚至對紐西蘭央行的利率決議，都反應遲頓。紐儲利率，一般也都跟隨澳儲，只有在紐澳利率展望出現明顯分歧時，需要特別注意紐西蘭央行的動態，其它所有紐西蘭的經濟數據，視同對紐幣走勢無影響即可！由於紐西蘭經濟規模較小，低於澳洲的 1/10，紐幣在市場流通的數量也遠低於澳幣，因此紐幣的波動度常態大於澳幣。在漲勢與跌勢的末端，紐幣更容易出現超漲與超跌的情形，投資紐幣時，要考慮這樣的特性。

　　加幣在過去 20 年來，一直是非美貨幣中走勢最獨立的貨幣，與歐元的相關度低。2005 年後，加幣與油價的正相關持續升高（參見下圖）。而且油價保持同步或略為領先的特性，目前不止長線上有良好的正相關性，短線操作者也值得參考。之所以會產生這樣的特性，除了油砂重要度大增以外，地緣關係也是重點。因為加拿大主要都市都臨近美國，因此美加經濟數據好壞幾乎是同步的，USD/CAD 比其它非美貨幣更不容

油價與加幣走勢同向

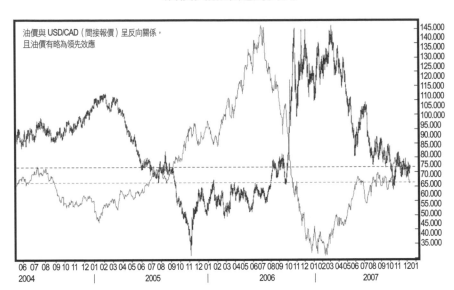

油價與 USD/CAD（間接報價）呈反向關係，
且油價有略為領先效應

易受到美國經濟數據影響，油價對加國經濟的影響因
此特別突顯，投資人看到油價明顯升值或貶值，再進
場順勢操作加幣，依然能獲得不錯的利潤空間，加拿
大的經濟數據，同樣只需要考慮央行利率展望與言論
即可，其它數據影響低。

商品價格，雖然對紐澳加的經濟有巨大幫助，但

經濟高度依賴商品時，也會產生相當的風險。經濟學把這現象稱為荷蘭症（Dutch disease）：1980 年代，荷蘭因為大量出口天然氣，當時能源價格因第二次石油危機高漲，能源產業獲利與成長暴增，造成國家匯率大漲，工資上升。能源產業特別亮眼的表現，讓執政者忽視其它工業的衰退。GDP、貨幣政策效果失真，等天然氣價格下跌，一切為時已晚，荷蘭經濟陷入可怕的衰退泥淖。這樣的現象，對經濟規模越小的國家，衝擊越大。

　　或許就是之前荷蘭的案例，讓這些出口為主的國家，匯率升值時，該國央行都會關注匯率，預防荷蘭症發生。金融海嘯後，加拿大與紐西蘭對本國貨幣升值的容忍度明顯降低，不時會出現口頭警告，或者在央行會議中談論到匯率走勢，投資人必須警覺，在接近歷史高低點價位時，央行出手干預的機率會增加。

選對外幣
10萬賺進1,000萬

油砂

　　油砂（oil sand）又稱瀝青砂，它的成分包含砂石、瀝青、礦物質、黏土、水等，由於是固體，黏度高。目前的開採發法，必須注入高溫水蒸氣，才能採收其中的原油成份，這必須消耗大量的能源（主要使用天然氣）。因此開採成本大約等於每桶 30 ～ 40 美元不等。過去由價常期低於 40 元，油砂無經濟價值，但2004 年油價超過 40 美元之後，油砂變成萬眾矚目的資源。

　　目前全球探明的油砂的儲量，85％集中在美洲、加拿大、美國、委內瑞拉儲量最豐。科學家估計，加拿大探明的油砂儲量，比目前中東的原油儲量還高！加上得天獨厚的天然氣資源，加拿大是目前全球唯一商業化提煉油砂的國家。目前油砂產油量已經超過加拿大日產量 30％。由於油砂的開採成本特性，當油價逼近 40 元時，會讓原油供需與加拿大經濟榮枯，產生巨大變化。

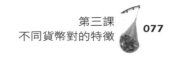

台幣與其它新興市場貨幣

　　大部份的新興市場貨幣，包含台幣，對我們一般投資人而言，都缺乏足夠的資訊做判斷，而且每個國家對匯率的法規都不一樣。在做投資時，必須先考慮該國的匯率政策，流通性風險，其次才考慮該國央行對目前匯率漲跌的偏好，以及主權評等、貿易順差、財政赤字、外債等基本面因子。

　　以台幣為例，讓各位讀者瞭解新興市場貨幣與 G7 貨幣間巨大的差異（完整法規請自行上全國法規資料庫蒐尋，http://law.moj.gov.tw/）。於此，介紹管理外匯條例：

【第 6 條】國際貿易主管機關應依前條第一款所稱之外匯調度及其收支計畫，擬訂輸出入計畫。

【第 9 條】出境之本國人及外國人，每人攜帶外幣總值之限額，由財政部以命令定之。

　　台幣雖然沒有漲跌幅限制，但是在流通上有嚴格

選對外幣
10萬賺進1,000萬

的管制，出入結匯有限額，所有人在銀行買賣外匯，都必須申報理由。央行可以藉此做管理，並對不符申報用途的資金做嚴厲的處罰。

【第 19-1 條】有上列情事之一者，行政院得決定並公告於一定期間內，採取關閉外匯市場、停止或限制全部或部分外匯之支付、命令將全部或部分外匯結售或存入指定銀行、或為其它必要之處置：

一、國內或國外經濟失調，有危及本國經濟穩定之虞。

二、本國國際收支發生嚴重逆差。

前項情事之處置項目及對象，應由行政院訂定外匯管制辦法。

央行不只再結匯數量，用途上可以做管控，甚至有權限直接關閉外匯市場。

中華民國（台灣）銀行業辦理外匯業務管理辦法：

【第 6 條】銀行業有關外匯業務之經營，應向中央銀行（以下簡稱本行）申請許可，並經發給指定證書或許可函後，始得辦理。非經本行許可之外匯業務不得

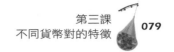

辦理之。

　　台灣外匯市場歷史請參考：http：//www.tpefx.com.tw/htm/02guide01.htm。 台灣從 1979 年開始實施浮動匯率，一開始由台灣銀行、中國國際商業銀行、第一商業銀行、華南商業銀行、彰化商業銀行等 5 家官股銀行成立外匯交易中心。到了 1994 年，第一家專業外匯經紀商「台北外匯經紀股份有限公司」開始營業，1997 年「元太外匯經紀股份有限公司」成立。目前所有的台幣外匯交易，都透過這兩個機構做買賣。由於管制嚴格，因此台幣在海外無法像美元一樣自由流通形成市場。也因此，央行對台幣的走勢，等同球員兼裁判，具有近乎絕對的掌控能力。

　　台幣的走勢在過去 10 年來表現十分穩定，原則上台幣大方向完全遵照央行總裁的意志（參見下圖）。現任總裁彭淮南是公認的匯市高手，從 1997 年亞洲金融風暴至今，台幣一直比其它新興市場國家走勢溫和，全是彭總裁的功勞！台灣央行在過去干預與掌控匯率有一定的慣性，十分容易瞭解：

台幣走勢（新台幣兌美元）

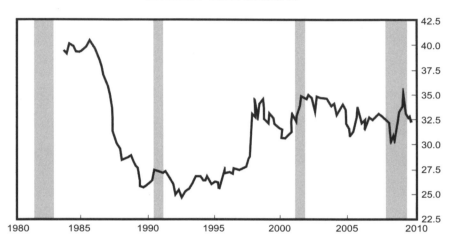

1. 台灣主要貿易國是美國，干預以對美元為主。央行習慣在台幣收盤時刻做干預，一旦正式動手，最後一盤價差可以高達 0.2 ～ 0.5 元。當日總交易量一般會暴量超過 15 億美元。

2. 央行不會硬守特定整數價位，經常是等價位穿越後，再大手筆拉回。

3. 從走勢圖可以看出央行明顯偏愛的區間，在區間高點與低點與央行對作是相當不智的行為。

4. 央行決策的目的是，維持台灣金融環境的穩定。股市漲跌並非央行主要責任。外在環境上，台幣走勢除了參考美元指數強弱以外，還會參考韓元（台灣電子業主要競爭國），與坡元（新加坡是亞洲新興市場債券與貨幣交易中心）。

5. 短線上台灣股票市場的外資買賣超對匯率有影響力，但並非主要力量。央行會更在意貿易帳，經常帳數字，並嚴防熱錢大規模炒作。

6. 央行在主動引發升值或貶值趨勢前，經常會先從公開操作，買賣定存單部位操控利率。意圖讓匯率升值，會超額發行定存單，收回資金。導引貶值時，會減少發行，讓銀行資金浮濫。

7. 2008年金融海嘯後，台幣升值不只是對出口產業不利，對持有龐大海外資產部位的金融壽險業更可能產生致命性衝擊，因此台幣易貶難升。

　　所有新興市場國家的貨幣，由於產業發展較不平均，對貿易依存度高，因此，當該國貿易順差大

減，甚至轉為逆差，資金開始流出時。風險都遠比 G7
國家高，尤其是 2008 金融海嘯時，人均 GDP 超過
60,000 美元的冰島債務違約，外匯存底超過 5,000 億
美元的俄羅斯，在短短 3 個月內減少超過 2, 000 億美
元，讓投資人大為吃驚。經濟成長與外匯存底都無法
給投資人太多保障，一旦新興市場國家的主權評等因
債務問題出現被調降可能性時，股匯債三個市場就可
能同時出現拋售。投資人在做資產配置時，新興市場
貨幣比例不該太高，而且在風險產生時，也該優先做
減碼，才能做到持盈保泰。

套息貨幣對（AUD/JPY, NZD/JPY, EUR/JPY）

套息交易（Carrytrade）的興起，是 1995 年後，
日本邁向零利率的產物，雖然發展的時間並不長，但
是近年來影響力急速增加，已經演變成一股龐大的力
量，足以影響全球實體經濟，甚至引發金融災難！套
息交易的定義是指：借貸利息低的貨幣，買入利率高

的貨幣，以收取利差為主的交易手段。在交叉盤貨幣對中，只要單純買入持有 AUD/JPY 多單就是最典型的套息交易。最早以套息作為主要投資手段的就是對沖基金，在 1998 年以前，外匯市場最大的力量就是美元，幾乎所有非美元貨幣走勢都同向，包含日圓。因此英鎊升值時，日圓也同步升值。GBP/JPY（2005 年以前主要的套息標的）或者 AUD/JPY 價格變動相對較小，走勢穩定。對沖基金操作套息交易就可以達到收取穩定利差，又能規避美元波動不確定性的雙重目標。

　　對沖基金從事套息交易，借貸出日圓後，不只是買進高息的貨幣，還會將資金投入高息的債券，比如說新興市場債。1998 年俄羅斯公債違約，暫停贖回就引發的 LTCM 破產事件，USD/JPY 因日圓停損平倉，短短 3 天從 136 升值到 112，創下 1973 年之後匯市最高的波幅記錄。當時四大對沖基金，除了 LTCM 覆滅以外，另一家老虎基金（The Tiger Fund）也因為巨虧，在 2000 年清算結束營業。這個轟動全球金融市場的事件，不但沒讓 Carrytrade 消失，反倒讓之後成立

1998 年日本干預阻貶與 LTCM

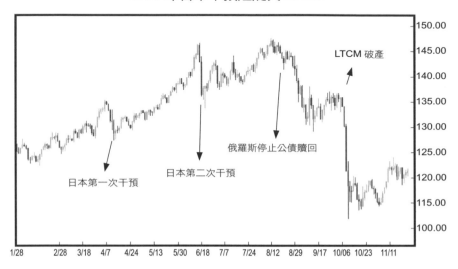

的數以千家對沖基金，都學會套息這個高報酬的獲利
手段。對於日本一般投資者而言，只要從事外幣定存
投資，實際上就等於是 carrytrade 的一部份。由於日本
大量家庭主婦進入外匯市場投資，2000 年後套息標的
的走勢反倒更為穩健，連續漲了 7 年。

　　由於各國央行會不斷的升降息調整利率，因此
套息交易的主要貨幣對是會變換的。2004 年之前以

套息長多

GBP/JPY，AUD/JPY 為主，之後又增加了 GBP/CHF。
但 2008 年金融海嘯之後，由於英鎊利率降到 0.5％，
因此英鎊相關的套息幾乎完全消失，高息幣剩下紐、
澳幣兩個。2009 年之後，美國利率降到 0 ～ 0.25％。
許多分析師認為美元可能成為套息交易的借貸貨幣，
這部份仍需更多時間來查證。由於套息交易的獲利來
源是利差，為了放大獲利幅度，因此投資人與對沖

選對外幣
10萬賺進1,000萬

基金經常會使用較高的槓桿，當行情走勢不確定性高時，就很容易產生賺利差賠價差的問題，這也是套息標的對市場風險極為敏感的主因。美元本身的波動，太容易受頻繁的經濟指標，與央行利率會議公布影響，理論上絕非套息的理想借貸來源，建議仍不要將美元視為套息的借貸方。狹義的套息標的的辨認方式，最好能觀察短線行情走勢，發現有凌晨收息時段易漲難跌，以及風險事件發生後基準貨幣與相對貨幣走勢明顯相反（比如說澳幣貶值時日圓就會升值），這時才判定貨幣對屬於套息貨幣對。

此外，Carry trade 已經被設計成 ETF，可以在美股買賣，代號是 DBV（DB G10 Currency Harvest，可參酌 http://dbfunds.db.com/dbv/weights.aspx ）。目前它持有標的中，高息幣是澳幣（AUD）、紐幣（NZD）、挪威克郎（NOK）；低息幣是日圓（JPY）、瑞士法郎（CHF）、美元（USD），這可以當作廣義套息標的的範本。

套息貨幣對（尤其是日圓相關），行情走勢有顯著

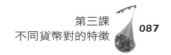

的特性：

1. **跌勢 90％發生在白天，亞洲盤與歐洲盤時段。**美國盤與凌晨歐洲收盤後傾向盤整或反彈（收息的因素），即使是金融風暴發生的前半段，仍保有此特性。因此短線操作者，不論是懷疑風險增加打算出場，或者是在風險事件可能結束的時期找套息標的的買點，都可以依此時間特性，在半夜找買點，並且在日本開盤前找出場時機。

2. **由於利差的關係，避險基金與定存投資者都傾向做多套息標的。**買進的時機十分分散，但會因為風險事件集體平倉出場，造成套息標的的走勢長期上漲。上漲時總是緩慢，但下跌時都很急促。

3. **短線上套息標的容易形成盤整走勢。**但與主盤貨幣有個很大的不同，套息標的不會在高點與低點盤整。高低點都是「V」型反轉，盤整區間發生在上漲的中途。因此只要行情處於盤整狀態，就會是不錯的進場點，不會有「盤久必跌」的憂慮。原因是時間對套息的多頭有利。盤整愈久，空方虧損壓力

愈大。

4. **套息標的長期偏多的特性，讓一般投資人與對沖基金勇於逢低承接，因此日 K 線上容易形成下影線。** 大部份技術分析法則在套息標的上都不適用，習慣使用技術分析判斷行情的投資人，需要特別注意。不要輕易判定套息標的走勢由多轉空，依指標或者 K 線型態判斷套息標的的空點很容易受傷虧損！

5. **外匯套息交易的利差計算，是以隔夜拆款利率做計算。** 套息相關的貨幣中，只有日圓對隔夜 Libor 最敏感，當日圓與美元隔夜 Libor 利差轉負時（日圓利率高於美元），日圓呈現明顯升值力量。此外，當套息因風險而出現平倉潮時，由於銀行與投資人都不願意持有澳幣。因此澳幣的 Libor 會不正常上揚，這也可以當作判斷市場風險的指標之一。隔夜 Libor 可以在此查到：http://www.cnyes.com/forex/（倫敦金融業拆放款）。

2008 年相關係數與金融事件

3月	USD	EUR	GBP	JPY	CHF	CAD	AUD	NZD
USD								
EUR			0.42	0.60	0.82	0.21	0.35	0.22
GBP		0.42		-0.09	0.13	0.62	0.51	0.48
JPY		0.60	-0.09		0.9	-0.42	-0.33	-0.35
CHF		0.82	0.13	0.9		-0.21	-0.18	-0.29
CAD		0.21	0.62	-0.42	-0.21		0.76	0.66
AUD		0.35	0.51	-0.33	-0.18	0.76		0.89
NZD		0.22	0.48	-0.35	-0.29	0.66	0.89	

1. BSC 倒閉引發套息再平倉，日圓破 100
2. FED 救市，商品行情急漲
3. 商品貨幣與歐元相關性續降

4月	USD	EUR	GBP	JPY	CHF	CAD	AUD	NZD
USD								
EUR			0.36	0.70	0.94	0.15	0.63	0.47
GBP		0.36		0.10	0.31	0.24	0.08	0.20
JPY		0.70	0.10		0.83	-0.16	0.30	0.02
CHF		0.94	0.31	0.83		0.02	0.46	0.29
CAD		0.15	0.24	-0.16	0.02		0.26	0.04
AUD		0.63	0.08	0.30	0.46	0.26		0.82
NZD		0.47	0.20	0.02	0.29	0.04	0.82	

1. 日圓負相關終於消失，套息平倉可望結束
2. EUR 對其他貨幣相關性大增，顯示市場關心美元
3. 美股盤整，市場猜測 FED 停止降息，美國經濟好轉

選對外幣
10萬賺進1,000萬

5月	USD	EUR	GBP	JPY	CHF	CAD	AUD	NZD
USD								
EUR			0.76	0.65	0.89	0.42	0.76	0.59
GBP		0.76		0.34	0.66	0.22	0.63	0.63
JPY		0.65	0.34		0.83	-0.16	0.57	0.13
CHF		0.89	0.66	0.83		0.26	0.63	0.38
CAD		0.42	0.22	-0.16	0.26		0.36	0.32
AUD		0.76	0.63	0.57	0.63	0.36		0.66
NZD		0.59	0.63	0.13	0.38	0.32	0.66	

1. 歐元與其它貨幣相關性全面提升，美元主導一切
2. 紐澳相關性大幅降低，英歐相關回升
3. 美股還在盤整

7月	USD	EUR	GBP	JPY	CHF	CAD	AUD	NZD
USD								
EUR			0.64	0.54	0.93	0.54	0.54	0.40
GBP		0.64		0.47	0.70	0.4	0.43	0.42
JPY		0.54	0.47		0.78	0.52	0.5	0.59
CHF		0.93	0.70	0.78		0.59	0.62	0.53
CAD		0.54	0.40	0.52	0.59		0.60	0.51
AUD		0.54	0.43	0.50	0.62	0.60		0.82
NZD		0.40	0.42	0.59	0.53	0.51	0.82	

1. 2007/5 以來再度全部正相關
2. 當時市場醞釀美元反轉，但失敗
3. 加幣日幣與其他貨幣相關為 2007/2 來新高

8月	USD	EUR	GBP	JPY	CHF	CAD	AUD	NZD
USD								
EUR			0.53	0.54	0.90	0.58	0.75	0.61
GBP		0.53		0.51	0.58	0.46	0.60	0.45
JPY		0.54	0.51		0.69	0.37	0.43	0.41
CHF		0.90	0.58	0.69		0.6	0.74	0.69
CAD		0.58	0.46	0.37	0.60		0.45	0.50
AUD		0.75	0.60	0.43	0.74	0.45		0.78
NZD		0.61	0.45	0.41	0.69	0.50	0.78	

1. 美元真正大反轉，單月漲幅超過 10%
2. 美國股市盤整

9月	USD	EUR	GBP	JPY	CHF	CAD	AUD	NZD
USD								
EUR			0.88	0.25	0.86	0.64	0.56	0.49
GBP		0.88		0.13	0.65	0.53	0.54	0.51
JPY		0.25	0.13		0.66	-0.34	-0.5	-0.51
CHF		0.86	0.65	0.66		0.34	0.17	0.09
CAD		0.64	0.53	-0.34	0.34		0.79	0.67
AUD		0.56	0.54	-0.50	0.17	0.79		0.81
NZD		0.49	0.51	-0.51	0.09	0.67	0.81	

1. 美元反轉持續
2. 雷曼 AIG 倒閉，市場大混亂，拆款市場崩潰
3. GBP 與 EUR 相關性升到統計以來最高
4. 加幣與紐澳幣相關性大增
5. 套息再度因風險出現相關系數轉負

選對外幣
10萬賺進1,000萬

10月	USD	EUR	GBP	JPY	CHF	CAD	AUD	NZD
USD								
EUR			0.84	-0.55	0.63	0.73	0.68	0.74
GBP		0.84		-0.62	0.48	0.74	0.63	0.70
JPY		-0.55	-0.62		0.05	-0.58	-0.74	-0.79
CHF		0.63	0.48	0.05		0.31	0.12	0.17
CAD		0.73	0.74	-0.58	0.31		0.73	0.82
AUD		0.68	0.63	-0.74	0.12	0.73		0.94
NZD		0.74	0.70	-0.79	0.17	0.82	0.94	

1. 全球股市大崩盤，全面暴跌
2. 冰島破產引發新興市場危機
3. 紐澳幣相關性今年最高
4. 所有貨幣相關係數與 2007/8（信貸風暴極類似）

11月	USD	EUR	GBP	JPY	CHF	CAD	AUD	NZD
USD								
EUR			0.74	-0.07	0.81	0.59	0.57	0.58
GBP		0.74		-0.31	0.44	0.72	0.71	0.62
JPY		-0.07	-0.31		0.44	-0.6	-0.73	-0.72
CHF		0.81	0.44	0.44		0.21	0.08	0.10
CAD		0.59	0.72	-0.60	0.21		0.80	0.77
AUD		0.57	0.71	-0.73	0.08	0.80		0.93
NZD		0.58	0.62	-0.72	0.10	0.77	0.93	

1. 美股陷入 2000 點大範圍盤整
2. 貨幣市場風險快速降低，但衰退疑慮仍在
3. 歐元相關性逐漸正常化
4. 美元仍在高檔，非美貨幣快速降息

12月	USD	EUR	GBP	JPY	CHF	CAD	AUD	NZD
USD								
EUR			0.66	0.48	0.81	0.73	0.69	0.79
GBP		0.66		0.21	0.30	0.73	0.81	0.76
JPY		0.48	0.21		0.59	0.3	0.28	0.26
CHF		0.81	0.30	0.59		0.51	0.48	0.63
CAD		0.73	0.73	0.30	0.51		0.81	0.80
AUD		0.69	0.81	0.28	0.48	0.81		0.90
NZD		0.79	0.76	0.26	0.63	0.80	0.90	

1. 美股進入狹幅盤整
2. 所有貨幣相關性再度轉正
3. 相關係數轉正預示美元的轉折已經發生

　　短線上，統計澳幣與日圓的相關係數是一個相當好的領先指標：以 AUD/USD 與 USD/JPY 小時線，計算 72 根 K 棒（72 小時或 3 日）兩者之間的相關係數。

　　短線上澳幣與日圓的相關係數會在「-1 ～ 1」之間遊走。當相關性接近 1 時（澳幣升值時日圓也同步升值），是套息較佳的買點；當相關性跌破 -0.5 時，不等於 AUD/JPY 會立即大跌，反而會先發生加速上漲的情形。但這不一定是好事，若相關性持續接近 -1，表示市場情緒十分亢奮敏感，任何風吹草動都可以釀成崩跌。

　　套息標的真正害怕的風險，並不是股市下跌，而是債市的資金混亂。主權債券（國家公債包含新興市場債）若有任何危機，財經新聞都會大肆報導。只要關注新聞就能找到蛛絲馬跡，資產抵押債與信評 BBB 級以下的垃圾債，可以持續追蹤相關的 ETF：Barclays MBS Bond Fund（美股代號 MBB），iBoxx $ High Yield Corporate Bond Fund（美股代號 HYG），SPDR Barclays Capital High Yield Bond Fund（美股代號 JNK）。若其中一檔 ETF 走勢出現不明原因的急跌，就可能是市場風險正在急速增溫。

　　以上述的相關係數統計，ETF 走勢，加上觀察後面章節所提到的風險指標，投資人就有機會先行避開好幾年才發生一次的套息大崩盤，同時也能避開股市對應的跌勢。

　　2008 年金融海嘯雖然讓許多套息交易投資客重傷，留下驚恐的記憶。但只要利差存在，追逐利潤的資金就一定會捲土重來。全球同步走向零利率，也不會減低套息的興致，反倒會誘使新加入的資金，使用

更高的槓桿，套息交易影響層面愈來愈廣。只要是投資紐幣、澳幣、日圓，甚至股市投資人都必須對套息多做研究。全球目前存在一套看起來幾乎等同無風險套利的交易：在貨幣市場借出短期美元或港元（匯入香港）轉成人民幣，買進債券或定存。累計的資金難以估算，是否會步上過去每一次套息豬羊變色的淒慘結局。未知，拭目以待！

區域貨幣對（EUR/GBP, AUD/NZD, EUR/CHF）

前文所提及的「套息貨幣對」是利差最大，貨幣間相關係數最低的標的。區間貨幣則是對完全相反，區間貨幣對之間的相關係數，常態保持在 0.8 以上，甚至高達 0.9，而且相關性十分穩定。貨幣之間的利差也相當小，不易產生變化，這是因為區間貨幣對兩個國家，地理位置臨近，瑞士在歐盟的正中央，英國在德法旁邊，紐西蘭與澳洲只有一海之隔。地緣的關係讓這些國家經濟彼此依存，因此經濟冷熱，利率政策

選對外幣
10萬賺進1,000萬

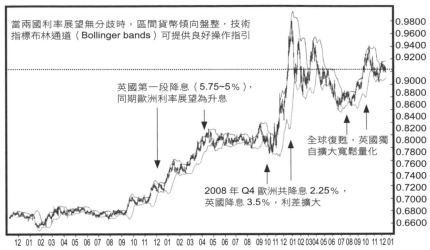

英歐區間標第 VS 利率展望

當兩國利率展望無分歧時，區間貨幣傾向盤整，技術
指標布林通道（Bollinger bands）可提供良好操作指引

英國第一段降息（5.75~5％），
同期歐洲利率展望為升息

全球復甦，英國獨
自擴大寬鬆量化

2008 年 Q4 歐洲共降息 2.25％，
英國降息 3.5％，利差擴大

也極為相似。兩個國家匯率走勢同步，交叉盤匯率呈
現長期的盤整狀態。

區域貨幣對，只有在兩個國家利率展望出現明顯
分岐時，才會有方向性的走勢。2008 年前，英國利率
常態比歐元區高 1 ～ 1.5％，金融海嘯後逆轉，目前歐
洲利率 1％、英國 0.5％、紐西蘭過去利率也比澳洲高
0.5％ ～ 1％。到了 2009 年底，紐西蘭利率比澳洲低

1.25％，造成 EUR/GBP, AUD/NZD 雙雙大漲。投資人只需要在該國央行利率決議前 3 ～ 5 天，檢視新聞報導，注意兩國利率決議，是否會造成利差變化，就能避開不必要的風險。目前紐澳、歐瑞之間利率都已經穩定，交叉盤可能回復過去漫無止境的盤局。

　　行情長期規律的盤整，投資人就可以用簡易的方式判別高低點，採低買高賣的策略，一樣能找到獲利的操作法則。判斷上，只要加上常用的擺蕩指標，例如：RSI、布林通道（Bollinger Band），就能找出相對高點與低點（參見上圖）。

　　將此判斷技巧應用在主盤的判斷上，也可提高勝率，舉例來說：當 EUR/GBP 上漲，觸及 BB band 高點，或者 RSI 接近 80，代表歐元的相對強勢接近極限。此時若非美貨幣是多頭，可考慮做多英鎊等待補漲，若非美貨幣是空頭，則做空歐元等補跌，EUR/GBP 下跌觸及 bb band 低點，或 RSI 接近 20，則考慮做完全相反的操作。

　　相同的判斷法則，還可以拿來操作雙元貨幣投資

BB 線雙元操作（2009 年 AUD/NZD）

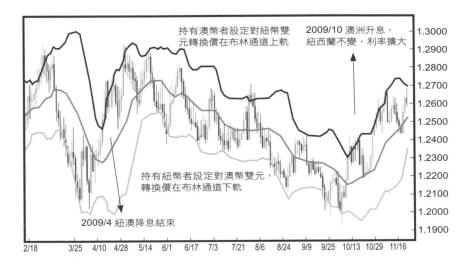

持有澳幣者設定對紐幣雙元轉換價在布林通道上軌

2009/10 澳洲升息，紐西蘭不變，利率擴大

持有紐幣者設定對澳幣雙元，轉換價在布林通道下軌

2009/4 紐澳降息結束

DCD，以澳幣紐幣 DCD 作為範例：當 AUD/NZD 上漲，觸及 BB band 上軌，表示澳幣超漲。因此手中的澳幣可以作對紐幣價平或者小幅價外的 DCD，若在更高價被執行換成紐幣，等 AUD/NZD 下跌後再做反向 DCD 即可。若沒被執行，就收取到較高利息，再重複執行相同策略即可，當 AUD/NZD 持續下跌，DCD 操作方向相反。手中紐幣可以作對澳幣價平或價外

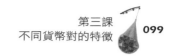

DCD，當 AUD/NZD 處於日線 BB band 中軸（20 移動平均線）。可以考慮略為等待（參見上圖），這一策略就是運用區域貨幣對走勢同向的特性，去除掉 DCD 操作者經常損失匯差的風險。

區域貨幣對行情反覆盤整的特性，對沖基金與專業期貨交易者早已運用多年，法人將它稱為歐元英鎊、歐元瑞郎價差交易，以及紐澳幣價差交易，法人的資金，會避開數據公布時刻，等各國數據公布後 2 ～ 12 小時，再逐步進場，促使區域貨幣間價差縮小。普通的投資人，偏好逢低買進、逢高賣出的操作法是天性，遇到手中部位產生虧損時會猶豫等待，這些習慣在投資主盤貨幣（如 EUR/USD），若遇到趨勢行情，就可能產生較大虧損。

而且趨勢的發展，可能長達 3 ～ 5 年，但這些習慣拿來操作區域貨幣對，或者做區域貨幣的 DCD，就會全部變成優勢，只不過這類的操作，致勝的關鍵不在精準的判斷，重點在於要有耐心，才能將過去對沖基金的操作手段，變成自己的獲利武器。$

選對外幣
10萬賺進1,000萬

雙元貨幣投資 DCD

雙元投資 DCD（Dual Currency Deposit），是近年來銀行財富管理中一項非常熱門的衍生性投資商品。雙元投資的本質並不是定存，而是外幣定存＋賣出選擇權，透過賣出選擇權獲取的權利金，來支付高於一般定存的利率報酬。投資人取得高利率的代價，就是合約到期時將持有下跌的弱勢貨幣。

由於永遠會持有弱勢貨幣的特性，一般投資人若操作不當，經常會產生賺利息，賠價差的困境。不過只要注意一些小技巧，雙元仍是零利率時代裡，增加投資報酬率的極佳投資工具：

1. 請記得雙元投資的主要目的，是手中貨幣不被換匯，收取較高的利息。萬一被執行換匯，必須知道如何處理。

2. 最容易產生趨勢行情的就是美元與日圓，因此持有歐元、英鎊、紐幣、澳幣，應該避免與美元對作雙元。尤其不該作對日圓的雙元投資。

3. 雙元的兩個貨幣，選擇：(1)地理位置相近；(2)利率約略相等的貨幣最佳。區域貨幣對是首選。如此兩個貨幣走勢同向，即使被執行換匯，也不一定損失匯差。

4. 美元與加幣仍不適合做雙元組合。美元最可能的雙元

搭檔是日圓，加幣走勢獨立，沒有理想的雙元操作模式。

5. 雙元具有選擇權賣方的特點。行情波動放大時，較可能產生虧損，因此雙元到期的時間，設定在央行利率決議與美國非農數據之前較佳。也就是説，每個月避開第 1 週，只在後面 3 週找雙元投資的機會，能避開許多不確定性。

第二部
實戰演練進階篇

第四課
運用經濟數據判讀行情

　　在進入實戰演練前，必須要告訴各位投資人解讀經濟數據與基本面訊息的大原則，也就是在判讀所有基本面訊息與新聞事件時，請記得以下兩個投資的通用法則：

1. 均衡：市場在每一分每一秒，要能夠成交，價格必定是買方滿意，賣方也滿意，多空處於均衡的狀態。若已知的消息一面倒偏向多頭買方，那就表示賣方掌握了其它不為人知的利空！買賣雙方力量永遠不會差異太大。

   投資報酬率＝無風險利率＋風險溢酬

　　這條投資學的基本公式告訴我們：風險就是利潤

的來源。

2. **市場效率**：根據分眾決策與市場經濟的法則，市場
的價格大部份時候都是非常有效率的。價格已經將
所有的已知，包含市場普遍的預期想法完全反應做
出合理的估值。因此，必須發生新的事件，或者局
勢出現意外發展，才會出現價格明顯的變化與趨勢。

　　因此透過基本面判斷行情時，我們不僅需要知道
數據所顯示經濟好壞的方向，更需要辨認市場輿論的
看法，才能避免自己變成市場上最後一隻老鼠。市場
輿論、一般投資人的看法，不一定永遠正確，也不會
都是錯的。散戶經常會相信「反市場心理操作法，人
多的地方不要去」。實際上是認知的偏見，媒體上專
業的分析師，大部份看法根本和一般投資人雷同，只
不過投資人追逐趨勢，相信多數人的看法時，萬一發
生虧損，經常都會因為損失慘重而印象深刻。但是賺
錢時由於不會感受到自己做了重大正確的決策，容易
淡忘，長久下來，「反市場操作」就變成口耳相傳的

法則。讀者務必要記得，行情的走勢才是所有投資人用金錢與資產所表達最真實的看法，毫無虛假。輿論可能會有認知的慣性與偏差，而市場價格本身，同樣有出現錯誤的可能。當市場機制犯錯，漲過頭做「泡沫」，跌過頭叫做「崩盤」或者「金融風暴」。姑且先不論如何判定輿論與市場這兩者的對錯，投資人至少需要分辨何者是輿論看法，何者是市場所有人真實的想法。當找出市場輿論看法後，等真實數據公布後才知道是否與分析師預期有意外偏差。數據公布後，所有投資人根據最新資訊所做的交易，是否確實推動行情，讓價格走勢出現變化。如果價格確實有變化，這時才需要研判市場趨勢是否正在改變。

感覺很複雜嗎？下一個章節起，將以實際的案例，示範每一個數據與資訊判讀的細節。

經濟數據是所有基本面事件中，最不需要考慮訊息傳遞時效的。以美國就業數據來說：8：30pm 公布結果，全世界不論是升斗小民，還是央行官員、財政部長、投資銀行首席分析師，都是同一時間知道確

實數字，沒有內線，沒有特權。因此我們可以清楚的
辨認這個數據對行情產生的影響力方向為何，大小為
何。我們也能知道 8：30pm 之前的走勢，是由猜測與
預期心理在推動。其它的基本面訊息，就沒有這種明
確的時間性，比如說企業的財務報告，永遠是公司會
計、董監事先知情，然後是關係良好的法人知道。等
到正式公布，一般投資人看到時，早已不是第一手消
息了。訊息的即時性與透明性，是外匯市場極大的優
點與特色之一。

　　雖然無人能事先知道經濟數據公布的結果，但也
不是變幻無常難以預估。

經濟數據 ≠ 經濟真實狀況 ≠ 行情走勢

　　行情走勢會透過自由市場機制反應真實經濟局
勢，經濟數據則是透過經濟學家與統計學家所建立起
來的法則來描述真實狀況。經濟數據會有統計時差、
統計錯誤，甚至數據設計原理本身就具有缺陷！因

此雖然經濟數據偶爾仍會出現時好時壞的反覆不確定性，但真實經濟可能具有更好的慣性，持續成長或持續衰退很長的時間。若讀者一開始就把經濟數據視為真理，最後會發現無法解讀，難以判斷。很多投資人對此做出一個結論，「經濟學教的與基本面根本沒用⋯⋯。」事實上，只是被誤導而已，長期觀察外匯市場對各種經濟數據的反應，會發現眾多經濟數據中，影響力最大的是美國就業數據與各國央行利率決議，只有這兩項數據，最可能推翻先前技術分析顯現的趨勢。其它數據，大多只會造成波動，或者讓行情進入短期的盤整與修正。技術分析顯示的方向，與基本面得到的趨勢結論，以及行情走勢，三者大部份時間是同向，可以相互印證的，在多空轉折的過程中，才容易相互出現矛盾。

經濟數據公布的第一時間，所有銀行交易室的操盤手，都會依據總體經濟與貨幣銀行學所教的法則下單，意外的數據會造成行情立即跳漲或大跌，但之後若沒有對應的追價交易量，銀行交易室就會當機立斷

反向沖銷部位，造成行情很快回到公布前的原點。數據公布後 5 分鐘內。99％投資人是根據自己對數據的認知與判斷做決策。但隨著時間流逝。媒體上的分析與評論會慢慢增多。投資人的想法就可能受到輿論的影響。由此可知：

1. 數據公布前走勢＝市場對數據的預期。

2. 數據公布當時（0 ～ 3 分鐘）＝經濟學原理對預期與公布數字差異的判讀。

3. 公布後 3 分鐘～ 2 小時＝最能顯示市場資金真實想法的時段。

4. 2 小時後更久＝再度參雜輿論分析看法的行情走勢。

　　仔細辨認每個細節，我們就能得到許多寶貴的資訊！

市場預期與輿論看法的辨認

　　「市場永遠是對的」、「人多的地方不要去」這兩

句大家耳熟能詳的投資格言，兩者完全相互矛盾，但是投資人全部深信不疑。事實上，這兩句話只是「順勢追價」與「逆勢承接」較為巧妙的說法罷了，如果行情今天漲，隔天又漲，分析師就會告訴你第一句話。若隔天反轉下跌，分析師就用第二句來教訓投資人。頭腦不靈光的投資人就會在虧損中錯愕自責，繼續找尋下一個投資聖杯法則，分析師的目的是，要讓你覺得他很準，而不是讓你賺錢！媒體，更不會為你的荷包著想，媒體只想吸引你的目光。因此媒體總是會努力找出大眾想聽的結論，報導給你看，行情在上漲時，利空消息不討喜，因此可能只是小篇報導，瞬間被資訊洪流淹沒，但利多消息就會巨細靡遺，還做成專題系列報導，甚至幾10年前的股神故事都被挖出來。反正投資人愛看，收視率與點閱率會是即時利空的好幾倍，金融分析與媒體的真實面就是這麼醜惡！

不只是分析師與媒體會對資訊解讀添亂，每一個人都會對資訊下意識的做篩選。各位有沒有覺得行情在高點時永遠有數不盡的利多，行情在低點時卻是

清一色利空。照三餐恐嚇投資人？媒體是這現象的來源，但投資人也是幫兇，認知心理學告訴我們，人在接收訊息時，認知與記憶會自動關注自己想看想聽的事，把不符合自己主觀看法的資訊排除。就像母親會被嬰兒的哭聲吵醒，但可以對馬路吵雜的噪音與老公的打呼聲卻能聽而不見般。

　　你我在判讀資訊時，永遠有以上的困境，知道以上的現象，至少能讓我們隨時警惕，我們接收的資訊可能不完全，而且需要做修正。

克服人性，讓市場站在你這邊

　　人類是群居的動物，從眾行為是天性。心理學家發現，當人偏離群體時，焦慮感會暴增。只要我們仍是人類，就無法克服人性，其實也不需要花力氣去修練、克服。而本課討論的是判讀資訊，而非建立操作法則，因此換個方法避開人性陷阱會是較好的策略，也就是說，不論是媒體或者自己，只要涉及對行情漲

跌的看法，最容易受影響，人性的成份也最高。對經濟數據本身的猜測，因為沒有盈虧，對作重要性也較低，因此會較客觀，相同訊息對不同市場（比如說股市與債市）重要性不同，我們可以藉跨市場走勢比對，找尋修正的線索。

我們所有的資訊，大多來自於媒體，要找出什麼是市場輿論，首先就是要把新聞與資訊做分類辨認：

1. **新聞是記者寫的，不是投資專家寫的。**很多資深財經記者，投資經驗可能掛零，或者是個菜鳥。請別懷疑，一個投資經驗超過 1 年的投資人，程度會比大部份記者好，金融敏銳度更高。記者的專業是吸引你的目光，看新聞時，請多注意文章提供的訊息，盡量忽略對行情判斷的部份。

2. **財經界的分析師與經濟學家，素質並不整齊。**有些只是頭銜響亮好聽，其實真正的工作與記者沒兩樣，仍是吸引你的目光。還有一些目的是為自家產品背書，真實身份其實是推銷員，這些人更知如何善用財經專有名詞，如此而已。而且大部份金融界

的分析師，難以違背自己公司的政策與方針，雖可能獨力思考研究，但卻難以暢所欲言。

3. 學術界的經濟學家思路會比較嚴謹，發表的言論有所本，因此行情分析是對的機率較高。但是學者所言，經常不包含時間特性，行情可能未來 3 天就實現，也可能 3 年後才發生，投資人必須自行做修正。

4. 金融業實際的投資決策者（如基金經理人），一般專業程度與分析都值得參考。不過請確認他是否擁有決策權，例如波克夏的財務長一定是專家，但他的看法就不重要，因為投資決定權在巴菲特身上，還要確認他真正的投資部位是否與他所言相符！

5. 財經官員，首先要確認他是否是決策者，再來最好思考一下他是在做評論，還是在預告下一步打算怎麼做。匯市投資人尤其關心央行官員的說詞！

　　大部份的新聞都是記者寫的，讀者們只需要用記者報導＝分析師一般觀點＝散戶觀點＝輿論，媒體與分析師的專長是描述現狀，而非預測未來。

五人看天小組

1968年社會心理學家史丹利·米爾葛倫（Stanley Milgram）設計了一個有趣的小實驗。首先他安排一個人站在路口，抬頭望著什麼都沒有的天空。注視1分鐘，經過的路人，會有很小一部份，也停下腳步看一下這傢伙在看什麼；第二次，安排了5個人一起看天空，這次停下來看天的行人比上次暴增4倍；第三次，安排了15個人一起看天，結果竟然有45%的人一起看空空如也的藍天！這不只是從眾而已，沒有任何人會指責這15人莫名其妙。大家都是先假設天空一定有什麼，然後努力尋找。

另一個心理學家索羅門·阿什（Solomon Asch）做了一個實驗，更直接的證明了從眾壓力：他找許多個小組（一組大約7人）來判定白板上三條線中，到底哪一條與白板上畫的一樣長。然後公開向所有人說出答案，實際上每組只有1人是受試者，其它都是安排好的人。一開始，這些同謀者先指出正確的答案，但實驗三、四輪後，同謀者開始做出明眼人都看得出來的違心之論。這時真正的受試者回答時，判斷明顯猶豫，從而改變看法的有高達30%受試者，採順從他人。一起做出違心之論！

從眾是天性，並非現代心理學特有的發現。童話故事《國王的新衣》不就在訴說完全相同的道理嗎？

三大步驟透析輿論消息

　　舉實際案例來說明：2010 年 1 月 8 日（週五）美國公布就業數據，投資人可以從數據公布 2 天前觀察起（觀察時間太長，會夾雜其它數據與事件影響；時間太短，可能訊息不足）2010 年 1 月是個很好的範例，因為一般狀況，歐洲央行 ECB 利率會議都在美國就業數據前一天，這個月剛好錯開，判斷會較單純。

步驟一：先找一下相關報導。用 google 新聞搜尋關鍵字「美國就業數據」，你會發現以下的資訊。

【標題】全球經濟復甦希望升溫風險（鉅亨網）

【內容概要】路透調查分析師預估中值，為就業人口減少 8,000 人，但預估值區間偏大，從減少 8,000 人至增加 59,000 人不等，顯示市場對數據預期的分歧較大。

　　由此可見，中文的資訊會比較少，而且彼此相互引用。因此建議要再查英文新聞。再運用 google 新聞

選對外幣
10萬^{賺進}1,000萬

點選「其他新聞版本」，選「US」切換到美國版本，搜尋關鍵字「nonfarm payrolls」，則會發現。

【標題】December Payrolls May Yield a Positive Surprise（BusinessWeek）

【內容概要】The December employment report, scheduled for release Jan. 8, could well provide the first positive monthly reading on U.S. job growth of the current economic expansion.

【標題】Green shoots? Monthly jobs data might show growth（Marketwatch）

【內容概要】After 23 straight months of job losses, the U.S. could be poised to show employment growth when the government releases payroll data for December.

其實新聞看標題就夠了，從這幾條就可以知道大致上新聞顯示就業數據將持續好轉。「全球經濟復甦希望升溫」這句話可能就包含記者自己主觀的分析成份在。聽聽就好，我們真正需要的資訊是：

1. 本月非農預期是好轉還是惡化？輿論認知是會好轉。

2. 非農好轉對經濟是好事，還是壞事？經濟學教科書寫的，就業增加是好事，輿論認知也是好事，到底是謹慎小幅樂觀還是非常樂觀，不用理會，反正實務上難以分辨。

3. 非農好轉對行情的影響如何？直接無視媒體報導，請各位自行做推論，正確率會更高！別讓小記者影響你。

步驟二：金融媒體都可以找到財經行事曆。

‧鉅亨網：http://www.cnyes.com/forex/

‧路透宏觀經濟（新聞顯示）：http://cn.reuters.com/investing/news/macroeconomics

‧briefing.com（美國數據權威網站）：http://www.briefing.com/Investor/Public/Calendars/EconomicCalendar.htm

　　可以看到這次非農就業數據，分析師調查的平均預測值是：「0K」（持平不變），上次是 -11K（-11,000

人），算小幅好轉，輿論觀點與平均預測值相符是常態，有不同論點是異常，有異常時建議再看詳細評論內容即可。

步驟三：觀察對應的行情是否呈現與輿論猜測相符的走勢。這部份，必須對過去 1 個月的行情走勢有記憶才辦得到。2009 年 11 月之前，美國非農從該年初的 -70 萬人逐步好轉到 -20 萬人，經濟學家認為美國復甦遲緩，可能陷入「無就業復甦」，也就是對非農好轉感到悲觀。同時全球股市一路走高，美元則持續貶值，因股市走高，市場看待未來經濟愈來愈樂觀，央行正在準備金融海嘯時期的救援退出機制，可能緊縮銀根（以上是過去累積的大環境市場氣氛）。

12 月非農公布，意外大好，從預期的 -15 萬跳升到 -1.1 萬人，照常理，這個意外結果是大利多，應該造成股市大漲，美元貶值（因為 2008 年 9 月之後金融海嘯，讓美元與美股出現極明顯負相關，雖然這不該是常態，但負相關已維持超過 1 年），可是 2009 年 12

月 4 日走勢更意外，美股震盪不漲，美元大升值，美
債大跌，市場解讀為美國 FED 升息機率大增，但事實
上之後 1 個月 FED 官員態度仍無改變，傾向長期利率
不變（以上是上次非農公布的變化）之後 12 月行情維
持非農公布後產生的趨勢方向，美股震盪緩漲，美元
升值、美債下跌（以上是 2010 年 1 月非農公布前的行
情發展）。

　　於此，跟讀者邏輯推演。輿論看法維持之前的慣
性比較合乎常理，美元升值是上次行情發展中最大的
意外，表示這次預期看法對行情影響仍會矛盾，若市
場預期是緩步持續好轉，美元走勢可以漲也可以跌，
你我想不透的直接認定無法判定即可。但若是非農就
業數據比分析師預期好，最容易跌的是美債，而美股
可能是小漲或不漲，至少不該大跌。2010 年 1 月 6
日～ 1 月 7 日最重要的工作就是觀察行情是否與推論
相同。若相同，就可以確認市場輿論看法等於上面幾
篇新聞報導；若不同，就需要再做推敲，結果這兩天
的行情，的確呈現美股小漲。美元漲、美債小跌的局

面，由此可以假設，輿論看法與分析師調查的預估結果相當。上月的非農意外多了 15 萬，則可以猜測，市場對「符合預期」的認定也會較廣（新聞也提到，預估值區間較大）-3 萬～ +3 萬可能都算符合市場預期。

只要各位讀者實際上執行過以上步驟，做個 3 到 5 次之後就會發現，分析師猜中數據結果的頻率還滿高的，好歹華爾街養這些人，年薪都是數百萬美元以上。因此大部份數據，直接將分析師調查的均值視為輿論的預期值即可，只有非農數據，可疑的央行升降息起點，需要公布前詳細做比對，新聞、預估數字、行情三者應該要相互印證同一推論。若相互矛盾時，優先找符合行情走勢的可能推論；其次是相信預期數字該有的歷史經驗預期，最不該選擇的是新聞評論。2009 年 4 月的非農數據，三者就呈現偏差，當時市場情緒相對悲觀，因此分析師預期也過低，但歷史經驗顯示，非農數據在低點一向是「V」型反轉，而且次貸危機的幾個根源：房市數據率先止跌、股市也在漲，最後數據公布，犯錯的果然是分析師，而不是行情。

　　市場預期心理會推動行情，要掌握市場預期也不難，但由此找尋操作機會倒是會有困擾。因為市場的預期是緩慢形成的，不易判定何時市場開始反應，若2010 年 1 月 6 日研判出市場預期的方向，我無法辨認這時進場，是順從趨勢，還是當最後一隻老鼠。但若之前有其它事件，造成行情反向發展，那倒是可以抓公布前的小段行情。幾乎所有的法人，重量級部位，都會選在數據公布後做決策，數據公布前的行情，只能淺嘗短線操作，花這麼多工夫辨認市場的預期，為公布後的交易策略收集資訊才是主要目的。

　　重要數據公布前，花時間做功課、辨認輿論看法、上一次數據公布後市場反應，並觀察預期心理所造成的行情走勢，這幾點十分重要。等數據公布後，我們才有充足的背景知識做即時應變與決策。

意外與市場反應的解讀

　　承接前文的實例：2010 年 1 月 8 日週五 9：30 pm

選對外幣
10萬賺進1,000萬

數據公布：預估值是 0，實際公布結果是 -8.5 萬人，但 2009 年 12 月數字也做修正，從 -1.1 萬上修到 +0.4 萬，比預估的數字糟。銀行交易員第一時間衝進場交易，手邊的資料只有最新數據、總經知識，與先前的推論。由於 2009 年 12 月非農意外大好造成美元漲歐元跌，這次低於預期。歐元先買再說！歐元直接從 1.4280 漲到 1.4340+60 點，但這是交易員的想法。許多投資人或許沒有昂貴的單機報價系統，還不知道結果。網路財經媒體大概 3 ～ 5 分中內就會有新聞快報，很快的會有其它交易量進來，這時市場不但反應對非農數據的結果所做的修正，而且也會立即開始評估跨市場的反應。同時，對下一個數據的預期也同步展開。因此，千萬別以為公布後 5 分鐘第一時間看到的行情走勢就是方向！請再多給市場一些反應時間（參見下圖）。

根據實戰的經驗。數據公布後 30 分鐘至 2 小時內都有完全轉向的可能性，萬一做了錯誤的追價。轉向可能的傷害跟第一時間跳漲的力道一樣大，等行情多

2010/1/8 非農公布，歐元 1 分鐘圖

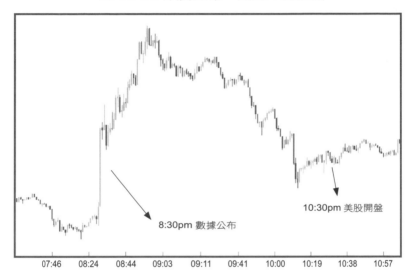

8:30pm 數據公布

10:30pm 美股開盤

07:46　08:24　08:44　09:03　09:11　09:41　10:00　10:19　10:38　10:57

反應一些時間再評估即可。重要的數據，寧願等美股開盤後 1 小時再決定是否做交易，甚至隔天 12 ～ 18 小時後也還來得及。數據意外的結果產生的趨勢，可以走很久，3、5 天甚至 1 個月都有可能。

　　在這段市場反應時間內，不用理會新聞輿論的評論。記者要找理由、編故事，也要花時間，大部份新聞只會描述現況，不會比行情走勢包含更多訊息。多

看一下其它市場的反應是否同步比較重要。1月8日低於預期的就業結果，也讓美債立刻大漲，但美股期指電子盤的跌勢很快就產生反彈，這部份與合理的預期不大相符。意外低於預期的就業數據利空，並沒有對美股產生太大的賣壓，這表示市場對這數據的意外結果並沒有非常重視，美元走勢因此形成新趨勢機率也降低。再回頭看過去1個月歐元走勢，歐元在三大信評公司都調降希臘債信後，進入短期的盤整。

　-8萬的非農結果，不可能讓FED再降息或寬鬆量化，歐元以此因素再度轉強挑戰1.5以上新高不合理。FED本來就沒升息打算，各官員發言中也一再明示，就業數據不如預期，也不會產生打消市場升息猜測的作用，因為原本的猜測升息氣氛就沒有很濃厚。歐元要創波段新低的機率也不高，力道不足，而且下週還有ECB利率決議，這個時點投資人若看不出明確方向。最可能等下週重大事件後才有所改變。由此，我們得到最可能的結論：歐元與非美繼續盤整！

看懂數據公布後的「資訊」

第一件事是，判定是否有意外（沒意外＝無操作機會）。

第二件事是，判定意外造成的行情與經濟學原理或者事前的推演是否同向（反向時也可以追，但最好再多看 1、2 小時）。

第三件事是，決定是否追價。

　　不論是公布前，還是公布後的觀察，分析看起來都有點複雜，需要知道的背景知識也不少，但數據公布後我們真正做的決策永遠非常單純。如上所述，我們只需要判斷「數據公布後產生的走勢，是否該順勢追價！」不需要自行判斷方向，也不用對價位做太詳細的猜測，這個時點追高殺低就是最佳策略！市場幾千萬個專業的腦袋會幫你我找出方向。我只要決定是否相信並且跟隨，我們從網路 3 分鐘內可以看到即時的數據公布結果，但還有無數的投資人要隔天看到分

析師報告與新聞報導才知道。幾 10 億的大部位資金，或者衍生性商品合約部位調整，避險策略修正，都需要 24 小時或更長時間才能完成。若數據結果很重要，還有些投資人會因此在兩三天後接到理專的建議才做買賣。數據後 12 小時內做的決策，絕對不會是最後知後覺的那一個人。

　　一般來說，公布後 1 ～ 2 小時，行情走勢單方向不回頭，甚至短線的回檔都沒發生的行情最值得追價，意外震撼程度高，特別值得操作。此外，四大行情（美股、美元、美債、油價）對數據反應同向性愈高。表示數據產生的趨勢愈明確。非美貨幣間同步性，相關性高，也是追價重要的輔助參考。

　　只要數據有意外，我們就能有充足的資訊與時間做判斷。投資人在運用數據操作時，要習慣把未來 3 ～ 5 天的數據全部看一遍。一般狀況，遭遇複數事件的機率遠遠高於單一事件。不過判斷流程依然類似，以 2010 年 1 月 12 日～ 1 月 15 日來做實例探討：

1. 1 月 12 日晚上 5：30 pm 中國意外宣布調高存款準

備率 2 碼 0.5％。亞洲市場在次日反應此事件。

2. 週四，也就是 1 月 14 日晚上將會有 ECB 利率決議，
9：30 pm ～ 10：00 pm 舉行會後記者會。預期利率
不變。

3. 1 月 14 日晚上 9：30 pm 美國公布上月零售數據。
預期從上月 +1.3％降到 +0.4％。

4. 美股週四盤後（1 月 15 日早上）Intel 公布財報，隔
週進入美股密集財報公布期，Intel 財報預期獲利大
增至每股 0.3 元。

　　1 月 13 日時，就已經知道未來兩天以上四個事件
對股匯市有影響，影響時間密集而且重疊。因此在數
據公布前無法觀察輿論的傾向，這時我們直接認定市
場預期將等於分析師的預估數字。但我們必須對未來
2 ～ 3 天的事件做重要性排序：中國升息是亞洲事件，
對美股是間接影響，匯市將因美股而波動，影響更小。
ECB 央行決議是匯市最重大事件之一，美國零售也十
分重要，但因為已過了耶誕季，重要性降低中。美股

財報是股市重大事件，但主要影響在下週。由此可知，
重要性依序為：

**ECB 利率決議記者會 > 美國零售 > Intel 財報、中國
調升存準率**

市場的反應，最重要事件發生前的走勢，其它消
息影響會鈍化。原本該發生的反應會遞延，投資人寧
願等到最重要事件後再出手。同時，一旦過了主要事
件（ECB 記者會）公布時點，市場焦點會快速轉向下
一個議題。即使 ECB 會議最重要，公布後影響力大約
只能維持 24 小時。未來將發生的事，重要性常態高於
已發生的事。標示出最重要事件後，交易判斷的法則
就與單一事件完全相同：1/13 後的事件。決定是否追
價的時間點是 1/14 ECB 記者會後 10：00 pm（參見下
圖）。

1 月 14 日的美國零售公布值 -0.3％，低於預期。
但市場幾乎無視，小幅波動，而 ECB 雖然利率持平不
變，但 ECB 行長特里謝罕見的表示希臘應該自食其力

2010/1/14 ECB 記者會

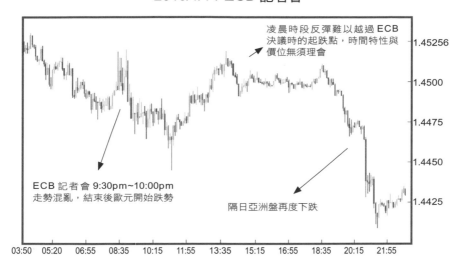

凌晨時段反彈難以越過 ECB
決議時的起跌點,時間特性與
價位無須理會

1.45256

1.4500

1.4475

1.4450

ECB 記者會 9:30pm~10:00pm
走勢混亂,結束後歐元開始跌勢

隔日亞洲盤再度下跌

1.4425

03:50 05:20 06:55 08:35 10:15 11:55 13:35 15:15 16:55 18:35 20:15 21:55

解決債務問題,歐盟不該給予希臘特別待遇(希臘債
務從 2009 年 12 月影響歐元之後,一直是市場關心焦
點,原本市場認知是歐盟與德國會伸出援手)。這個言
論與原先的認知有落差,因此歐元立即反應,轉向下
跌。這個意外結果,債市也同步反應希臘風險。德國
與美國債券上漲,歐洲債務問題,上一波能讓歐元轉
向,這次當然也有打破短期盤整格局的可能性。結論
與上一個非農事件意外的案例決策不同:ECB 會後的

行情值得追價，歐元可能因此再度走空。

數據結果是否值得操作，判斷法則十分固定。相信各位讀者只要實際觀察過一、兩次數據公布，就會有概念。不過要提高勝率，必須對公布前的市場背景，一般認知有清楚的瞭解，這就必須對總體經濟常識多下工夫。所幸，即使是入門者，瞭解不多，做出錯誤的判斷，但因為決策只有追價與不追價兩種，最可能的結果只是錯失掉行情，不會誤判方向，產生重大虧損。已經進場的部位，停損設定也十分簡易，訊息經過 24 小時，歐洲、美國、亞洲的交易者都已做出反應。假如判斷是對的，在數據公布後第一批衝進去追價的人，不該處於虧損狀態，若行情反向跌破數據公布時刻的起點價位，就是考慮停損的時機。

實務上，數據意外產生的行情趨勢轉向的發生機率並不高。可能一季才兩、三次而已。華爾街投資銀行的分析師們，年薪都是數百萬美金以上，每個都不是笨蛋，70％以上的數據，分析師都預期都準確。符合預期的數據結果我們得到的資訊最少，但對應的行

情不一定都是盤整，也可能立即對下一個數據的預期
大肆反應。一般只要符合公布前的市場預期，連短線
都不具有操作機會，不過市場對經濟大環境的認知，
有可能因此緩慢轉變。若我們認真觀察每一個數據，
與市場對應的反應，即使通通符合預期，下一次數據
公布時，自然能對市場背景，有鮮明的記憶與清晰的
瞭解。

找尋交易與獲利的機會

在股票市場，經常會聽到投資人感嘆，「如果早
知道的話……，就能賺錢。」外匯市場，雖然無法知
道行情可能怎麼走，但至少能知道每個時點市場關心
的事。匯市財經行事曆是最好的線索，雖然幾乎每天
都有數據公布，但重要性並不相等。各位讀者可以先
從最重要的幾項追蹤起，可參酌經濟數據流程圖，在
經濟數據公布的前後研判行情變化，再加上匯市的時
間特性。40％的趨勢行情從歐洲開盤開始發展，另外

30％以美國開盤時刻為起點，如此就能掌握匯市大部份的趨勢與轉折。觀察匯市變化的時間，可以濃縮到特定日期的短短 1、2 小時，不需要 1 個月 30 天，1 天 24 小時都神經緊繃。

經濟指標流程圖

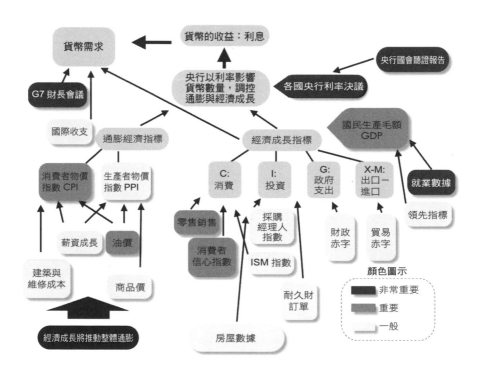

　　當然市場行情不可能全數照著經濟數據的節奏走，還有其它各種事件。為了提高敏感度，常態性追蹤四大行情走勢有其必要：

1. **美股（SP500 指數是較佳指標）**：代表美國與全球證券市場景氣好壞。

2. **美元（等於美元指數或歐元走勢）**：影響全球熱錢資金流向最重要的因素。

3. **美債（3 個月國庫券與 10 年債期貨是指標）**：美債利率仍被視為無風險利率。所有投資報酬率的比較基準。

4. **油價（西德州輕原油價格 CL）**：影響通貨膨脹最廣的商品。

　　只要全球某個角落發生重大事件，四大行情會率先反應，出現異常的波動，然後才會有新聞報導出現。我們對於這些跨市場異常走勢，會缺乏足夠資訊，有些走勢也可能只是交易清淡下突破技術分析關卡，根本沒消息。我們也無法如經濟數據一樣，明確的找到事件的發生時刻，因此，判定是否值得交易與追價，

時間點通通採用歐美開盤作基準。此外，當分析師對
數據預期正確時，行情的發動點也不會在數據公布後。
可能同樣提前到數據當日或前一兩天的開盤時刻。短
線外匯操作者，尤其該重視歐美開盤時段的交易契機。

若有以下情形時。當日歐美開盤時都可能有順勢
追價的機會：

1. 跨市場四大行情有特殊走勢。

2. 兩日內有重要數據。

3. 逼近技術分析重要關鍵價格。

外匯市場產生的方向趨勢，經常可以持續好幾週
甚至長達一、兩年，投資人若要求自己一定要在轉折
點就明快決定進場。萬一錯過時機，就會陷入長時間
不知如何操作的窘境。如果這時錯過的是，原有部位
出場時機，就會變成嚴重虧損。趨勢持續中的追價，
行進中途上車，最好的方法就是運用「開盤時點追價
法」。不過與經濟數據公布後的追價相比較，我們無法
精確判定過去市場一般認知與今日歐洲或美國開盤後
的認知有沒有差異，也無法猜測力道大小。因此操作

上會更重視技術分析「順勢追價」的原則。我們必須從其它資訊判定「趨勢仍沒改變」基本面的部份。順勢的方向應該與已知的經濟數據結果，以及各幣別本身的基本面特性（入門篇所述）相符合，比如說歐元 VS 利差、加幣 VS 油價、日圓 VS 風險偏好。此外，歐元之間以及非美之間同步性，也是觀察重點。同步性高時，趨勢較為明確。

　　開盤時段的觀察，與數據公布後類似，只不過觀察時間較短。以夏令時間歐洲開盤 3：00 pm 為例，我習慣的觀察時間是 2：55 pm ～ 3：20 pm。只要行情呈單方向發展，波動幅度明顯放大，能突破極短線（30 分鐘 K 線圖）技術分析關卡更佳，就會是追價時機。

　　趨勢轉向的追價並不常見，偶爾會在歐洲盤開盤時段發生。一般是因為行情遇到重大支撐與壓力，或者在盤整走勢的前半段，行情從開盤前提早發動，12：00 pm ～ 2：30 pm（請參考入門篇，歐洲盤時間特性一文）。但歐洲開盤後完全轉向，這時可以大膽猜測歐洲開盤後的走勢會持續，行情仍在盤整區間之

內。不過既然仍是盤整，這個操作法只適合短線運用，或者拿來當作平倉出場的依據。部位持有時間不該超過 3 天，也不該想像自己剛好抓到大波段的起點。

長線的外匯投資人不需要天天關心行情，只需要重視幾個重大數據即可。本課所述，可以反過來應用：當發現行情走勢異常，任何懷疑趨勢已經改變時。回頭審視最新的行情發展是否由歐美時段開始，是否有對應的新聞消息，跨市場行情與非美貨幣間相關性是否有變化。如果有本文的情勢，建議再做進一步追蹤，並且思考要不要改變操作策略，否則就把行情當作短線震盪，無需理會。

主盤貨幣對所有的進出場點都可以用本課與第三課所述當作為設計原則。（日圓因套息特性需多注意日本開盤時間）。不論是勝率或者出手頻率的控制，都會比一般技術分析法則好很多。熟悉這個操作法則後，未來只需要不斷加強自己對總體經濟的背景知識，對各經濟數據更多的瞭解，累積並記牢自己經歷過的賺錢經驗，就能享受外匯投資的樂趣！$

第五課
經濟數據依重要性分類

央行利率決議

　　歐美央行的利率決議變化，是美元強弱長期趨勢最關鍵的因子，只要搞懂 FED 與 ECB 的想法，就可以掌握美元的方向（參見下圖）。在很久以前，央行的決議高深莫測，不過自從經濟學家強烈懷疑 1994 年美國 FED 無預警升息，是引爆墨西哥金融危機的兇手。前 FED 主席艾倫·葛林斯潘（Alan Greenspan）自 2000 年之後，建立起良好的典範，讓所有金融機構與投資人，都能正確的預測央行下一次的動作。

　　因此，投資人會對央行會後的聲明，記者會上的說詞，逐字與上一次會議做比較，找出差異，當作是

歐元長期走勢 VS 利率

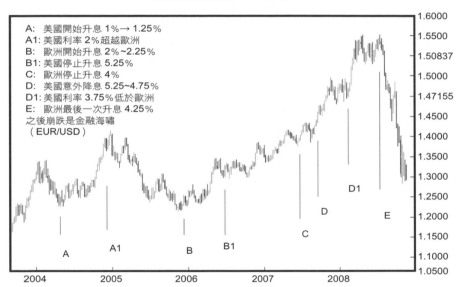

A: 美國開始升息 1%→ 1.25%
A1: 美國利率 2%超越歐洲
B: 歐洲開始升息 2%~2.25%
B1: 美國停止升息 5.25%
C: 歐洲停止升息 4%
D: 美國意外降息 5.25~4.75%
D1: 美國利率 3.75%低於歐洲
E: 歐洲最後一次升息 4.25%
之後崩跌是金融海嘯
（EUR/USD）

判斷下一次利率決議的參考。

匯市行情會在利率出現改變 1～2 個月前就先行反應，等央行做出利率改變決定時，反而短線容易轉為盤整。

FED 和 FOMC 的關係

　　美國的利率（聯邦基金利率）決議，是聯邦公開市場委員會（Federal Open Market Committee, FOMC）決定。FOMC 的成員，7 位來自美國 FED，5 位由 12 個地區聯邦銀行行長輪職。雖然利率決議透過民主投票決定，不過從葛林斯潘到柏南奇，FOMC 的決議一向以 FED 的主席的意見為主，從沒看過有意外。直接將 FOMC 視為獨裁制較恰當，雖然各地區聯邦銀行行長也會在媒體公開發言。不過投資人請注意，只有 FED 主席說的話才算數，其它都是個人意見，聽聽就好。

　　FOMC 會議，每 6 週集會一次，2：15am 公布利率決議，同時也會公布會後聲明。在會後聲明中，若提到憂慮通膨，警惕物價上漲，就等於暗示未來將升息。若提到對經濟前景擔憂，則表示可能降息。之後再比對隔夜拆款利率變化，搭配各大銀行評論。大致上就能知道 FOMC 下次會有什麼動作，除了 FOMC 的會後聲明以外，FED 主席每一季會有一次國會聽證會，向參議院詳述目前對金融局勢的看法。大部份都是重申 FOMC 會後的說詞，但偶爾也會透露利率改變的意圖，必須重視。

　　歐洲央行 ECB，功能與 FOMC 類似。利率決議由 ECB 執行委員與各成員國央行行長共同做決策。ECB 主席一樣具有強大的權力，不過歐元是全世界第一個超主權貨幣。這讓 ECB 實質的權力比美國 FED 要低。ECB 必須兼顧各成員國的發展，利率決議受限較大。因此，ECB 的升息與降息步調，經常落後美國 1～3 個月，幅度也較和緩。

　　此外，由於 ECB 背後沒有單一財政部的支持，英美在金融海嘯後執行寬鬆量化購買公債的行為，ECB 並沒有法律基礎，無法做出相同決策。此外，20 年代德國的惡性通膨這個歷史事件，也讓 ECB 在寬鬆貨幣時顧忌較大。2008 年金融海嘯時歐洲央行緊急政策，接受較低評等的債券抵押，借款給銀行，就罕見地受到德國總理梅克爾的嚴厲批評。ECB 每個月第一個週四做利率決議，7：45 pm 公布結果，8：30 pm 會後記者會。由於沒有會後聲明稿，媒體會逐句報導 ECB 行長說什麼話，到接近 9：00 pm 結束後，行情才會擴大反應，目前 ECB 行長特里謝的態度比較屬於傳統貨

幣學派。控制通膨是央行最重要的任務，但由於歐元區的結構較為特殊，投資人除了重視 ECB 行長特里謝的發言外，歐元集團主席，即現任為盧森堡首相容克（Jean-Claude Juncker），被視為歐元區第二把交椅。他的發言也具有份量，會影響行情，而其它央行行長言論影響力較低。

英國央行 BoE，是西方國家央行中最民主的一個。英國央行貨幣政策委員會（MPC），一共有 9 名委員，其中 3 個是央行官員，2 個是英國財政部指派，另有 4 名委任外部學者。因此決議分歧程度較高。英國利率會議也是 1 個月召開一次，時間經常與歐洲同一天。7：00 pm 公布結果。但是會後沒有聲明稿，也沒有記者會，行情變化不大。2 週後，公布會議記錄，這時才能知道會議的內容與投票結果比數，投資人會以此當作猜測下一次利率會議的主要參考，這時才是英鎊走勢的關鍵時刻。舉例來說，當贊成利率不變的由 9：0 變成 7：2，有兩人轉為贊成升息時，市場就會猜測下次可能升息。英鎊在會議記錄後就會因此而

立刻大漲，漲勢延續到下次會議升息為止。

日本央行 BoJ，是 G7 國家中獨立性最低的一個，因此投資人完全不關心日本央行行長的言論，反而較重視日本財務（前大藏省）大臣的言論。有「日圓先生」之稱的榊原英資（Eisuke Sakakibara）。就是 2000 年前後，日本大力干預日圓匯率時的大藏省官員。日本央行利率決議長期維持零利率不變，即使擴大寬鬆量化購買公債，力道也不大。除非日本經濟大幅好轉，傳出要升息的可能性，否則投資人可以將日本利率決議視為對行情毫無影響力！

其它央行（紐澳加）影響力較低，大部份只會影響本國貨幣。投資人只需要在該國央行會議後，閱讀相關分析評論即可。不用特別重視。畢竟，美元與歐元的力量，才是主導非美元貨幣趨勢最大核心原因。紐澳加的央行決議，只能在短線上形成影響力。

有一個機構的決策力量，凌架於所有央行之上，那就是 G7 財長會議。G7 財長會議每年集會 2 次，都在周六、週日，參加的成員是各國央行行長與財政部

2003 年日圓升值事件

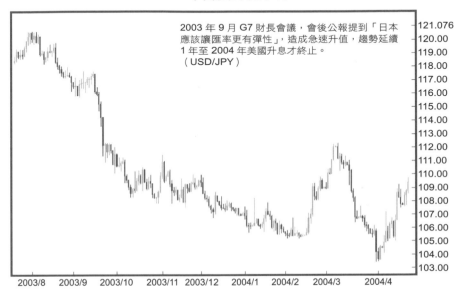

2003 年 9 月 G7 財長會議，會後公報提到「日本
應該讓匯率更有彈性」，造成急速升值，趨勢延續
1 年至 2004 年美國升息才終止。
（USD/JPY）

長，這些人等同是匯市最大主力。一般狀況，G7 並不
會討論匯率問題。一旦 G7 會後公報，提到與匯市相
關的內容，隔週週一開盤，匯市就會出現觀鍵性的走
勢。2003 年日圓從盤整轉為急升 20％，挑戰 100 元關
卡，2008 年，歐元在 1.6 轉為橫盤走勢，都是著名的
案例。由於無法猜測 G7 會議結果，若你是短線投資

2008 年歐元轉向

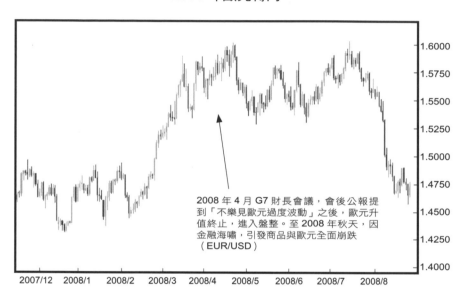

2008 年 4 月 G7 財長會議，會後公報提到「不樂見歐元過度波動」之後，歐元升值終止，進入盤整。至 2008 年秋天，因金融海嘯，引發商品與歐元全面崩跌（EUR/USD）

人，遇到 G7 會議，最好在會前就先做平倉，等會後再重新進場。

2008 年金融海嘯之後，全球大幅降息，已開發國家中高息的國家剩下紐西蘭與澳洲，而且歐美日都有長期維持低利率的傾向。這時，寬鬆量化購買公債，等同降息，變成央行主要的手段。此外，德國（歐洲的指標利率）與美國 10 年債利差，對歐元與美元的影

響力大增。投資人必須做更細微的觀察,才能掌握變局。請各位記得以下原則:

1. **利率變化(與寬鬆量化)**,開始與結束同等重要,但投資人較容易忽略。歐洲降息結束(2009 年 5 月)會引發歐元上漲。美國終止購買公債(2009 年 10月)一樣會讓歐元下跌。

2. **行情會提前 1 ～ 2 個月就開始反應**,因為利率決議出現變化的線索經常出現在上一次會議中。

3. **當各國同時做相同決議時,美國的力量永遠比較大。**2009 年初,美國與英國同時都大規模購買本國公債。英鎊的反應是先跌後漲,反應美國的決策。

　　央行的利率決議,既然每一次分析師都能近乎100%預估正確結果。若央行已經開始升息或降息,每一次利率會議公布結果,若說辭與上個月雷同,經常先引發短線獲利了結。但利率改變產生的趨勢不會改變,一旦央行措辭改變,市場可能仍猜測下月是利率最後一次調整。行情會先行進入盤整,這時就是波段

操作考慮平倉的時機。若央行已經一段時間利率完全不動，每次決議公布，反正都沒變化。行情在會議前後的波動會愈來愈小，一旦市場開始猜測利率將會改變（這時新聞會有相關評論），投資人對利率會議會變得十分敏感。會議前大家都不願意交易，會後任何聲明措辭的變化，都可能引發行情。市場評論對利率變化的方向，猜錯機率是「0」，經濟轉差時猜會降息，結果只可能是利率不變或者真的降息。即使猜錯，利率沒變化，央行也不可能做出要升息的決議。同時，只要外在環境不變，下個月大家仍會再度猜測央行可能降息。因此，當措辭改變引發行情走勢時，大部份都可以先做追價。猜對會賺錢，猜錯也只是做白工 1 個月而已。

分析師在猜升息與降息機率，其實也不是太高深的技巧。除了從過去 1、2 個月的經濟數據，以及央行官員談話來研判以外，央行利率變動的可能性，可以用貨幣市場長短天期利率估算機率，舉例：美元的隔夜利率 = 0.17％，1 個月 Libor = 0.23％。假如 2 週後

FED 利率決議，運用數學內差法可以估算出 2 週的利率＝ 0.2％ ，那下次利率 0％機率＝ a，下次機率 0.25％機率＝（100％ -a）。0％ ×a ＋（1 － a）×0.25％＝ 0.2％，此一公式可以解出 a ＝ 20％。FED 降息到 0％機率 20％。當估算出 FED 會議時利率高於 0.25％，那表示 FED 開始出現升息機率。

正規的計算，短天期利率應該以聯邦利率期貨為基準，但並不是每一個國家都有期貨價格。因此會用歐洲美元（Eurodollar ＝ 3 個月海外美元定存單），或者 Libor 的利率當基準。2008 年金融海嘯後，這個計算法誤差開始變大，主要原因就是短天期利率差異變大。以前每一個短天期利率幾乎都相等，但金融海嘯時，銀行拆款機制瓦解，各銀行互不信任，造成一片混亂，至今各市場利率仍有一些差異。未來各位讀者若在新聞中看到「×× 央行本次升息機率為 70％」，請記得這只是短天期利率計算的結果，若與先前央行的言論相比有矛盾時，請相信央行言論，不要計算的機率。

FED 利率調控手段

　　我們經常會聽到央行透過升息或降息來調控經濟冷熱。實際上各國央行調控利率水準，總共有三個利率工具可以用：存款準備率（ratio of reserve requirement）、聯邦利率（FED fund rate）、貼現率（discount rate）。2009 年金融海嘯後，FED 另外提出以超額準備金利率作為最新的政策工具。

1. **存款準備率**：存款準備率是央行規定商業銀行吸收存款後必須將一部份資金保留備用的比例，不能放貸出去。這是經濟學中被稱為「大斧」的工具，理論上存款準備率等於是貨幣乘數的倒數。
   簡單講，假設存款準備率＝ 20 ％，那貨幣乘數極大值可以接近 5，貨幣供給額 M1B ＝發行通貨×500％。因此存款準備率只要微幅變動，市場的貨幣供給數量就可以出現巨額改變。目前，歐美等國已經很長一段時間沒動作存款準備率，以免對經濟衝擊太大。

2. **聯邦利率**：這等同是銀行之間的隔夜拆款利率。FED 會定出目標利率，然後透過公開操作掌控隔夜利率，一般是消化市場剩餘資金。銀行也會根據此利率定

出一般民眾的存款利率，存款利率會略低於聯邦利率，銀行吸收存款才不會陷入虧損。

3. **貼現率**：這是銀行以未到期票據、支票，向 FED 借錢的利率。等同 FED 擔保商業銀行短期調度現金的最高利率水準。一般會高於隔夜利率，銀行只有在缺錢時才會動用，因此對經濟的效用遠低於聯邦利率。

4. **存款準備金利率**：過去央行規定的存款準備金是沒有利息的。因此商銀必須努力放貸，才能從存貸利差中獲利。FED 從 2009 年金融海嘯期間開始給予銀行存款準備金利息。照理講，存款準備金利率會降低銀行放貸的意願，不利於正常銀行體制的運作，效力應該與貼現率類似，低於聯邦利率。由於這是新的政策工具，對隔夜拆款市場與貨幣市場的影響，可能要實行後 6 ～ 12 個月才會穩定。

其它所有的經濟數據，都只是當作判斷央行態度的輔助因子，而非真正影響匯市的主因。2007 年年初的行情就是最好的案例，當時美國的通貨膨脹不斷上升、CPI 高漲，就業與所有經濟指標全部指向 FED 應該要升息。但柏南奇在國會聽證會明確表示，FED 並沒有升息的意圖。之後半年，經濟數據全數無效！美元繼續貶值（參見下圖）。

判斷央行的態度，是做外匯投資分析最重要的工作，由於央行的升息與降息週期，經常長達 1 季至 2 年。因此即使央行做出利率改變決議後，再做匯率對應的投資，仍有獲利空間。少抓到 1 個月的走勢，差異有限。長線的定存投資者，只要把這項判斷法則學好，就能做出正確的判斷！

就業數據

美國的就業數據，過去 20 年來一直都是引發匯率最大波動的數據，從來沒改變過。央行的利率決議

2007 年柏南奇國會聽證會

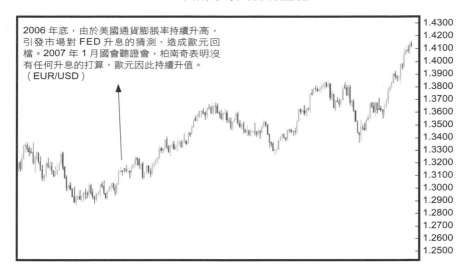

2006 年底，由於美國通貨膨脹率持續升高，引發市場對 FED 升息的猜測，造成歐元回檔。2007 年 1 月國會聽證會，柏南奇表明沒有任何升息的打算，歐元因此持續升值。（EUR/USD）

是分析師預期正確率最高的數據，而就業數據完全相反，分析師不論怎麼預測，準確率總是偏低。就是因為猜不到，再加上泰勒法則（請參考入門篇：影響匯率波動一文），才造成市場關注熱度持久不減。

　　美國就業數據固定在每個月第一個星期五，美股開盤前 1 小時公布（夏令時間晚上 8：30 pm）。總共會包含 3 個數據：非農就業數字（nonfarm payrolls）、

失業率（unemployment rate）、薪資成長（Avg Hourly Earnings）。薪資成長實際上屬於長期通膨指標，一般狀況會忽略，沒有重要性。總體經濟學中經常提到失業率是落後指標，拿來當投資參考緩不濟急。事實上，失業率的確十分落後，但是非農就業數據卻是所有數據中，領先性最好的一個。檢驗過去非農與美國股市的表現（過去 50 年數據請參考：http://research. tlouisfed.org/fred2/series/PAYEMS?cid ＝ 11）。1974、1981、2003、2009 年，過去數次經濟衰退中，非農都會落入負值。但是非農每個月的變化數量，在低點會 V 型反轉，而且非農從最糟開始好轉，會領先股市走升約 1 個月，股價指數本身就是個極領先的指標。若考慮非農數據統計的時效，股價指數等於落後非農好轉的時點約 1 ～ 2 個月。

非農就業數據會產生極佳的領先性，是因為它的統計方式與失業率完全不同。非農數據調查的對象是企業，將企業新徵員數減掉裁員數得到的數字。失業率統計的是家計單位，算出每 100 個應該就業的勞動

力當中，有幾個處於失業狀態。因此失業率的計算，每次都會累積過去失業的結果，再加上失業率計算的分母，會受到人口成長，人民就業與進修意願影響，變化不定，失業率呈現的結果，敏銳度自然不足。

　　非農就業數據不同，它的統計不會累積上個月的結果，而且整個國家的企業主，本來就是對景氣敏感度最高的贏家。對景氣誤判的老闆們，徵人太慢會被同業競爭拋到後頭；裁員太慢會因虧損步向破產，被市場殘酷的淘汰掉。因此。非農總是能抓到股市的低點，不過股市的高點反轉，並不等於非農的高點。歷史經驗顯示，非農由正轉負時，最可能是股市空頭的起點。此外。當股市由低點回升，尚未創歷史新高前，非農由負值轉正。只要非農出現大幅減少，股市就可能進入回檔或盤跌，即使之後非農持續增加，也不一定能立刻帶動股市再創高峰。原因是因為，經濟步入常軌時，若計算目前美國正常的人口增長率（年率約+0.9％），每個月非農要增加 +10 萬人，才能讓失業率下降。但只要就業人口增加，消費就會增長，企業獲

利也會同步上升。經濟成長的後期，經常伴隨偏高的通貨膨脹，通膨與利率水準上升，會侵蝕企業的獲利。即使就業仍在增加，股市反應盈餘減少，對股價就會產生傷害。

　　就業數據對匯率來說屬於間接因素。就業情勢好時，因為央行升息可能性大多會增加，才會讓匯率上漲。前文有提過，購買力平價理論在匯市逐漸式微。若一個國家經濟好轉，但是央行表態就是不升息，該國匯率仍可以毫無變化，維持弱勢。2009 年 5 月，ECB 降息到 1％停止降息。當月的非農意外大好，造成歐元大漲。但是 2009 年 12 月，非農大好，卻造成歐元大跌（參見下圖）。非農公布的前 30 分鐘，極難做出正確的決策。萬一猜錯，虧損經常超過 100 點以上。因此，非農數據公布前，應該盡量減少手中的部位，把短線操作的部份平倉；公布後，也不要太急，嚴格遵守先看兩個小時再做決策的原則，甚至整個週五都採觀望態度，隔週一歐美時段再找交易契機也是好方法。

2009 年杜拜與非農事件

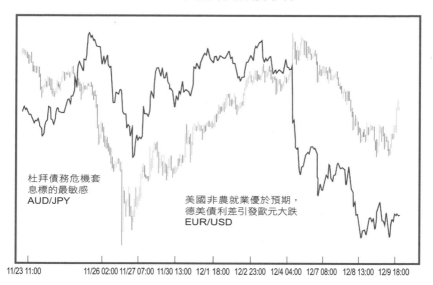

杜拜債務危機套
息標的最敏感
AUD/JPY

美國非農就業優於預期，
德美債利差引發歐元大跌
EUR/USD

11/23 11:00　　　　11/26 02:00 11/27 07:00 11/30 13:00 12/1 18:00 12/2 23:00 12/4 04:00 12/7 08:00 12/8 13:00 12/9 18:00

　　由於非農數據很重要，又很難猜，因此有許多
民間的調查機構開始發表預估數字。非農公布前兩天
（週三），會有一份 ADP 就業預估（ADP Employment
Change），另外還有一家就業諮詢公司「挑戰者」會
公布裁員報告。不過從 2007 年至今的記錄，這些資
訊的正確率比華爾街分析師對非農的預估均值還慘，
不用太在意。每個週四會公布初次請領失業就濟金人

數 Initial Claims，這也是猜測非農結果的參考數據之一。由於這是每週數據，影響力有限。只有非農當週的 Initial Claims 可能造成行情波動，其它三週都不會有影響。Initial Claims 與非農的好壞同步性，事實上比想像中低，這是因為失業的人，不一定第一週就會提出申請，而且 Initial Claims 只統計被裁員的人，沒統計新徵員，也不會計算到自動離職無法領失業救濟金者。

歷史經驗顯示，非農數據由低點好轉的主因，是徵員先增加，但裁員同步進行。而企業減少人力成本，會優先選擇遇缺不補，之後才會砍人。這兩年，企業發明了「無薪假」這玩意，許多企業以臨時雇員代替正職，Initial Claims 的參考價值，需要更謹慎評估。

非農數據在好轉或惡化的過程中，慣性不一定很好，會有反覆無常的現象。1983 年 7 月前後，曾經從 +40 萬，隔月直接變成 -30 萬，下個月再跳到 +110 萬。而且每個月公布數據時，對上個月數值做大幅修正經常發生，行情會直接對本月數據加總修正數字做

整體反應。遇到公布結果太奇怪的變化，但是行情大幅震盪後實際並沒有發展成趨勢走勢時，最好多看 1 個月，操作上優先相信行情的走勢。

　　就業數據，不只是投資人關切，各國央行也會密切追蹤，遇到數據反覆無常時，也可以參考央行對就業的說法，來猜測下一次數據的好壞。其它國家的就業數據，包含德國與英國，影響力遠比美國就業數據小。大部分只會影響當日行情走勢，並不會改變原本行情的趨勢方向。

GDP 相關數據

　　GDP（Gross Domestic Product，國內生產毛額）是一般民眾最熟悉的經濟數據。平常媒體所說的一個國家的經濟成長率，就是該國 GDP 的年增率。一個國家的人均 GDP 愈高，表示該國愈富裕，對金融市場的影響力也愈高。因此每個月的經濟數據中，超過一半都是與 GDP 有關的分項數據。每個國家公布 GDP

IMF 全球 GDP 圖

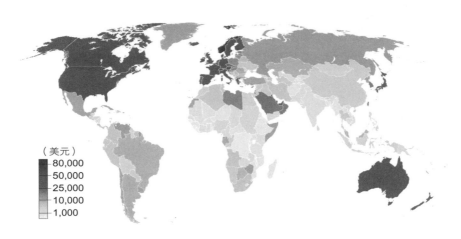

（美元）
80,000
50,000
25,000
10,000
1,000

顏色愈深代表該國 GDP 愈高

資料來源：IMF

的時間大約都在月底。美國是每個月倒數第二個交易
日。GDP 公布的是每季的數值。當季第 1 個月（1、
4、7、10 月）公布初值，第 2 個月公布修正值，第 3
個月公布終值。美國的 GDP 數字是年率（YoY，同
比），歐洲公布的是季率（QoQ，環比）。其它國家各
有所好，因此比較兩國 GDP 來判別彼此經濟強弱。要

特別注意因基期不同很容易被誤導，GDP 主要的功能還是比較本國經濟的好壞。

　　由於 GDP 是季數字，統計的時效緩慢。經濟學一般的說法：股市是領先指標，可以反應 3 個月後的未來，而 GDP 統計是 3 個月前的數據，兩者相加時差有 6 個月。也就是說，當看到 GDP 開始好轉，股市可能已經連續漲半年漲到天上去了。若採嚴謹的定義：當 GDP 出現連續兩季轉負數才判定經濟進入衰退，連兩季轉「正」叫做經濟恢復常軌。那與行情落後的時差將高達 9 個月，幾乎完全沒有投資參考的意義，加上經濟學家對 GDP 的預測已經非常熟練，要出現巨大意外偏差的可能性微乎其微，這造成 GDP 這數據在公布時，股匯市行情完全沒反應才是常態。1、4、7、10 月公布的 GDP 初值偶爾還有些變化，需要關注一下。其它月份直接假設 GDP 將符合預期，對行情毫無影響即可。

　　由於 GDP 影響力式微，市場的關注焦點轉移到其它的分項。GDP 計算的公式：

GDP ＝ C（消費）＋ I（投資）＋ G（政府支出）
＋（X-M）貿易赤字差額

　　歐美等已開發工業國家，GDP 的組成當中，消費占的比例最高，都超過 70％。每個月的零售數據在月中（一般是第 2 週）公布，當零售好轉時，股市容易上漲，匯率也容易因升息預期增溫而上升。零售數據的重要性，會因季節而有所改變，每年最重要的消費旺季都是美國感恩節（11 月底）至耶誕節（12 月底）。因此 Q1 公布零售時，影響力最小，Q4 零售對行情影響最大。此外，為了方便預測國民的消費意願，美國有兩家機構編製了消費者信心指數（Consumer Confidence），這數字對零售數據具有領先性。

　　密西根大學編製的消費者信心 1 個月公布兩次，月中公布初值，月底終值（參見下圖）。美國經濟諮商局（The Conference Board）公布的消費者信心月底公布，投資人較重視密大月中的數據，對月底的數據經常無反應。消費者信心的絕對值，90 至 100 屬於經濟

密西根大學消費者信心指數

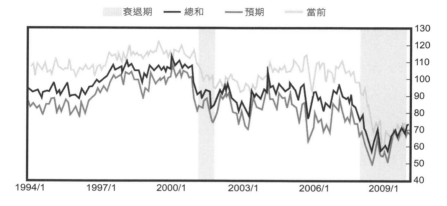

衰退期 ── 總和 ── 預期 ── 當前

130
120
110
100
90
80
70
60
50
40

1994/1   1997/1   2000/1   2003/1   2006/1   2009/1

資料來源：密西根大學（至 2010/1/15）

正常狀態，80 以下都算偏低。有助於投資人判斷 GDP
好壞。

　　投資（I）的判斷。最有參考價值的是耐久財定單
（Durable Orders）。耐久財訂單扣掉汽車與飛機的金
額，其它影響最大的因子就是企業資本支出。只要耐
久財訂單大幅上升，就表示企業判定景氣好轉，持續
擴張企業規模，這數據對股市影響力相當大，對匯市
重要性中等。貿易赤字（X － M）在 2003 年之前投

資人相當重視，但是 2000 年後衍生性商品交易暴增，國際資金流動 99％是投資需求與熱錢，真正貿易造成的影響極小。對於已開發國家經濟來講，貿易赤字增加，在 GDP 的計算中雖然是減項。但是企業進口愈多，未來轉化成零售的潛力就愈高，因此反而對經濟有利。效應兩相抵消，目前貿易赤字公布，股匯市幾乎都沒有反應，不過投資人可以從歐美貿易赤字的增減，來猜測亞洲新興市場出口與經濟的榮枯。

除了以上 GDP 分項以外，每個月底各國會公布採購經理人指數 PMI（Purchase Management Index），ISM 指數，歐洲與德國有 ZEW 景氣指數與 IFO 景氣指數，這些都是專業機構對企業或機構投資者所做的景氣看法問卷調查。其中 PMI 最廣為人知，一般認為，當 PMI 高於 50 以上時，表示景氣處於擴張期，低於 50，經濟就會步入衰退。長期觀察這些指標會發現，雖然這些數據都是統計法人與專業經理人的看法。但指數仍無法領先股匯市！當股市上漲時，法人會變得比較樂觀；下跌時，會比較悲觀，與一般散戶

沒兩樣。不過在景氣轉折的初期，法人的看法轉向會比一般散戶早。這些指標的應用，當已經看到行情方向轉變後，作為輔助確認景氣轉向的證據，可以順勢加碼與追價。此外，當接近 50 多空分界時，短線容易對股匯市產生直接的影響力，這時公布前後會產生交易的機會。

其它還有許多零碎的數據，像房市相關的新屋開工、成屋銷售、工業生產、工業訂單、消費信貸、商業庫存，幾乎完全不會引發行情變動。經濟數據的重要性，會隨當時的市場關注議題而產生改變。2008 年初，由於美國剛爆發次貸風暴，當時只要房市數據惡化，就會立刻引發美元貶值。但 2008 年底時，金融海嘯全面蔓延，就沒人理會房市數據了。當時投資人害怕銀行會因為各種債務地雷而破產，因此消費者信貸大減都會被解讀成美國銀行業信用卡卡債岌岌可危。判斷這些數據影響力時必須重視當時輿論看法。

除了貿易赤字、GDP 這兩個數據影響力逐漸式微，還有一個著名的數據已經完全無效化：領先

選對外幣
10萬_{賺進}1,000萬

指標（leading indicator）。美國的領先指標同樣由
Conference Board 編製，但是過去至少超過 5 年沒看過
行情對此數據有反應。原因就是因為這個綜合指標完
全無法領先股匯市，也難以給與投資人更多資訊，因
此被投資人拋棄。經濟數據的統計日新月異，幾乎每
年都會有新創的指標與統計出現，舊的指標也可能會
失效，各位投資人仍需依照市場行情真實的反應持續
做調整。

所有 GDP 分項數據，在應用時有一個重要的原
則：由於每個分項重要性有限。公布時即使出現意
外，行情也不易違背技術分析所看到的方向，央行利
率展望才是方向的關鍵。2010 年 1 月 22 日的英鎊零
售，市場預期值是 +1.1％，但實際公布值只有 +0.3％
大幅低於預期。但當時市場關注焦點不在英鎊上，市
場比較關心希臘對歐元的影響，同時美國財報季剛開
始，大家更關心財報對美股的影響力。因此英國意
外的數據雖然造成英鎊下跌，但短線的支撐仍無法
跌破，等到美股期指大跌後才出現更大跌幅（參見下

2010 年英國零售數據

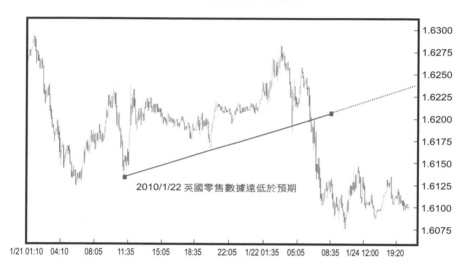

2010/1/22 英國零售數據遠低於預期

圖）。當數據結果與行情原本趨勢不同時，造成短線來回波動與盤整機率高，操作上應該觀望。順從原來趨勢的意外結果才值得追價，若出現一連串不如預期的數據結果，可能等到下一次央行利率決議前後，行情才會出現關鍵性方向發展。

通膨數據

　　一般評估通貨膨脹最重要的數據有兩個：消費者物價指數 CPI 與生產者物價指數 PPI，其中 CPI 就是一般媒體所說的通貨膨脹率。不過 CPI 的計算中，能源與食品價格會因為季節性而產生劇烈波動，因此央行一般重視的數據是扣除能源與食品項目後的核心通貨膨脹率 Core CPI。不同國家的 CPI 組成分項比重差異會非常大，例如歐洲、美國等已開發國家，居住相關，服務相關的項目影響大，食品的影響小（參見下圖）。但是開發中國家（像中國與印度）糧食與能源的價格占 CPI 比重會遠遠高於已開發國家。當美元貶值造成全球商品價格高漲時，新興市場的通膨經常會立刻飆高。但是美國的 CPI，實際上與油價的相關性不會太高，反而與股市呈現高度的同步性。因此，當我們在猜測歐美 CPI 高低時，請優先考慮薪資與房價，這兩項開始增加後，CPI 比較容易加速上漲。

美國 CPI 各細項比重

CPI 項目	食	住	衣	行	健護	娛樂	教育	其他
比重（％）	15.05	42.38	3.79	17.42	6.22	5.64	6.05	3.46

CPI 與油價、美元、美股比較圖

選對外幣
10萬賺進1,000萬

　　在央行的眼中，通貨膨脹並非經濟的毒瘤。所有的經濟成長都會伴隨通膨，當全國很多人都加薪後，商人也會想幫自己加薪，於是衣服賣價就上調了一點點；陽春麵老版一碗就順變加價 5 元，通貨膨脹就發生了。因此歐美央行認定，核心通膨年率在 2％上下是最適宜的水準，不冷也不熱，太低時就有降息的需求，過高就需要升息抑制。傳統貨幣學派的觀點中認為，央行的職責，控管通貨膨脹重要性遠遠高於促進經濟成長。當通膨過高時，寧願犧牲經濟也必須止住通膨無止境的上升。以過去 FED 的行為來看，美國對 Core CPI 的容忍上限，年率大約在 2.6％，歐盟也差不多，英國與紐澳上限可以超過 3％，日本不明（因為太久沒有通膨了），歐美的下限大約都是 1.5％，因此通膨數據對行情的影響力變化很大。當 CPI 接近 2％時，市場行情對通膨數據會毫無反應，接近上限與下限時才會引發重視，投資人將開始猜測央行升息或降息的機率。

　　通膨數據對股市的影響力更混亂，很多人以為通

膨對經濟是一件壞事，的確沒錯，通膨過高時企業難以獲利，央行會升息收縮資金，但是通膨本身對股市短期漲跌而言大部份都是利多！過去幾年最極端的通膨發生在辛巴威，通膨率超過 1 年 100 萬倍，這個國家的股市並沒有因此崩盤，而是飆漲。股價一天可以漲 35 倍，辛巴威股市指數一天漲 250％！企業本身就是資產與技術的綜合體，所有的通膨都會讓企業資產增值，然後反應到 GDP 中。但通膨速度過快時，企業無法將價格轉嫁給消費者，最後會導致消費減少，企業獲利大衰退。這個階段股價到底會反應資產增值，還是收益減少，就不一定了。

　　美國的 CPI 與 PPI 在每個月第 2 或第 3 週公布，當 CPI 升到足以引發市場重視前。應該會先看到：第一，就業數據好轉；第二，PPI 先行上升。同時輿論與媒體討論通膨的聲音增加，這時就可以猜測 CPI 過高時會增加升息的預期，造成匯率升值。反過來，當 CPI 低於 1.5％，一般並不會立刻引發降息的猜測。降息的預期會等到央行會議前後才會升溫，除了每個月

的數據以外，歐盟與英國每一季會公布季度通膨展望報告。這份報告的重要性會遠遠高於 CPI 數據，因為大部份央行對通膨預估值都相當準確，通膨展望可以視為調整利率的暗示之一。實務操作上，CPI 與 PPI 很難成為匯率趨勢轉向的關鍵因子。因為在經濟高峰時股市經常是最領先的反轉下跌的，之後才看到通膨 CPI 走跌與央行降息。而經濟好轉的過程中，CPI 上升也是落後指標。因此通膨數據大部份影響是在匯率升值時助漲，匯率貶值時助跌。短線上，當央行已經在會後言論中明確談論對 CPI 預估後，再來關注通膨數據的短線效應即可。

經濟數據偏誤

各位讀者一開始學習判讀經濟數據對行情影響時，建議先觀察一整輪數據公布（大約 1 個月），並詳讀每一次數據前後市場的分析評論，但切記不要太過相信分析。分析師真正的專長是描述現狀，當你隔月

再看相同數據時，自然會對行情有些概念與想法，這時再開始做行情分析與決策，較容易上手。不過投資人還是要注意，基本分析有一些常見的偏差必須要避開：

1. **統計時差**：所有經濟數據的統計，最快也需要 1 個月的時間。正常狀況下，經濟數據的慣性會比股匯市好一些。而且各國的執政者，也只能從經濟數據的變化來猜測未來，擬定政策。這是經濟數據對行情能產生影響的最基礎核心假設，但是股匯市能對市場最新的變化做出因應。當市場出現重大意外事件，最新的制度改革與變局時。經濟數據必定來不及反應，這時就不該盲目的相信數據。

2. **市場效率變化**：正常狀況下，市場的效率是相當高的，能妥善的反應未來，並且引導資金做出對經濟最有效率的配置。不過近年來由於網路發達，媒體對新聞與評論快速相互引用、抄襲。很容易造成市場情緒一致化，即使經濟數據已經轉向，投資人還是一路追逐資產或恐慌拋售，經濟學中把這現象稱

為泡沫。泡沫發生時,市場對經濟數據會近忽無視,媒體還會自創名辭來解釋現狀。20 年代的美股,因為不斷的創新高而被稱為新經濟。1999 年的科技股暴漲,叫做本夢比,死守本益比的老古板會賺不到錢。2009 年,大家相信二次海嘯將至,任何的上漲都是「無基之彈」,這時經濟數據都是對的,但行情完全反向。能堅守自己看法的人很少,除了做好風控外,別無它法。所幸,在所有行情中,匯市是發生泡沫行情機率最小的市場。有一部份的數據,是透過問券調查方式編製(ISM、PMI、ZEW、消費者信心),數據本身就可能因從眾心理的影響產生偏差。甚至比市場價格本身更沒有效率!

3. **數據統計基期的不同**:2009 年 12 月台灣出口貿易增長 46.9%,創下 20 年最高漲幅。這表示台灣經濟吃了威而鋼,台股將一飛衝天嗎?當然不是這麼一回事。那是因為 2008 年 12 月出口衰退 41.9%,創下史上最大降幅,基期超級低。才讓 2009 年好像很亮麗,所有與上年比較的數據都會產生這樣的問

題，與前月（環比）比較的數據才會比較真實。因此，2009 年台灣出口增加 46.9％一公布，股市毫無反應，既不能解讀為利多出盡，也不是市場忽視基本面。而是這數據本身就不是利多。一切都是統計的幻覺。

4. **貨幣政策遞延效應**：央行的升息與降息，資金的效應傳導到實體經濟，產生結果並顯現在經濟數據上，時間可能會遞延半年至 1 年。央行大幅降息後，經濟數據可能仍顯示惡化，但股市會先行上漲。匯率也可能在降息終止前 2、3 個月率先進入橫盤，這都是市場效率領先基本面與經濟數據的表現。此外，匯率本身就是一個國家經濟的緩衝 buffer，當經濟轉差時，匯率容易走貶。但是貶值會讓該國在貿易上出現優勢，也能吸引海外消費。一段時間後，經濟會因此受惠，這個時間差也是大約 6 個月，因此若將時間拉長到 30 年以上，已開發國家的匯率應該是無方向，長期處於上下大盤整狀態。

選對外幣
10萬賺進1,000萬

　　以上 4 個因素夾雜時，我們會很難判定眼前所見的經濟數據與資訊到底何時會反應到行情上，或者根本是我們後知後覺，行情早已反應完畢。90％投資人只要遇到幾次挫折，就會迷惑，快速放棄基本面的判讀。基本面的運用，即使是大師級人物，還是可能做出會造成虧損的投資決策。

　　就好比，1996 年，前 FED 主席葛林斯潘就已經認為美股有泡沫，處於非理性繁榮。當時道瓊工業指數才 6,500 點，那斯達克（Nasdaq）剛站上 1,000 點。之後道瓊漲到 12,000 點，那斯達克更漲了 5 倍。若是投資人早早進場放空指數，早已斷頭無數次，若有分析師在當時講相同的言論，大概會被恥笑為白目超級反指標吧。不過世人似乎對葛老「非理性繁榮」的言論視為真知灼見的先知，原因不明，至今我仍難以理解。基本面的訊息不止是時間點難以掌握，2006 年葛林斯潘退休前夕還有驚人之語，他認為美國債券殖利率的走勢是個謎，難以從任何經濟學理論解釋，債券走勢與利率反向，美國的利率就是葛林斯潘決定的。

葛老任內，利率在 1 至 6％來回調整數次，但長債利率始終在 4 至 5％上下穩定波動。行情的走勢有可能長期不照著經濟學的規則走！

2004 年，股神巴菲特曾經在歐元 1.3 以上看好，大舉進場買進非美。但是到了 2006 年，歐元跌到 1.2 時黯然退場，大賠 50 億以上。之後歐元直奔 1.6。巴菲特是笨蛋嗎？當然不是。全世界敢自稱比巴菲特更瞭解基本面與投資操作的應該很少吧，不過請各位記得，事後看起來巴菲特似乎做了錯誤愚蠢的決定。但還原 2005 年底至 2006 年初的局勢，當時美元利率已高過歐元，巴菲特超過 200 億美元的部位每天都在損失利息。2005 年中歐盟憲法在公投中被否決，市場開始傳出歐元可能解體的說法，同年法國南部還發生長達 1 個月的大暴動。當時德法的失業率，創下戰後 1945 年以來新高，而美國經濟蒸蒸日上！當局勢對你不利時，利空會排山倒海而來，照三餐轟炸。巴菲特 2005 年一役能承受虧損的空間就只有 1,000 點，時間只有 1 年。千萬別高估自己對輿論與時間折磨的承受

力！

因此透過技術分析觀察走勢，瞭解市場輿論。多比對跨市場相關性，以及嚴謹的風險控管缺一不可！數據解讀與基本面分析。可以讓你的投資視野與法人，國家經濟決策者同步。但是投資勝負的結果，與技術分析一樣，仍是勝率。而非必勝！別以為瞭解基本分析就是找到投資的聖杯。$

第六課
其它突發事件

央行干預

　　前幾課都是談論正常的局勢，如何透過基本面的資訊取得獲利的契機。但是市場上還充滿了各式各樣的意外發展，雖然外匯市場的穩定性遠遠高於股市。大部份的消息，都不足以影響匯市原有的節奏，唯一能造成趨勢完全轉向的，就是央行干預。央行干預永遠是逆勢，而且只要央行出手，匯率 1 小時內可以跳 300 至 500 點。所有銀行，期貨交易體系大亂，出現快市現象，任何市價單都不保證成交。若使用槓桿的保證金交易與期貨交易者，碰到一次就會重傷，不過

央行的干預，大部份會有跡可循。只要謹慎判斷，是可以避開的。

在股票市場的政府干預與救市，短期之內經常都是失敗的政府真正的目的是減緩行情下跌或急漲的速度，爭取因應時間，避免造成系統性風險，但是匯市不同。匯市央行具有近乎絕對的力量，原因是因為對於股市，不論政府再怎呼籲，或者直接進場大肆收購股票。都無法改變企業的獲利。只要獲利不佳，股市的賣壓就會永無止境的冒出來。2008 年的金融海嘯讓蘇格蘭皇家銀行 RBS 巨額虧損，英國政府為了挽救大局，近乎無限收購股權，至 2009 年底已經持有超過 80％股權，但 RBS 股票依然從 200 便士跌到 10 便士，毫無起色。在外匯市場，央行掌控決定利率的權力，掌控印鈔票的特權。央行並非有限法人，資產負債表可以無限擴張，必要時甚至可以改變遊戲規則，限制買賣，由國家課稅。直接進場干預，只是眾多手段中的一個小項目而已！雖然央行的干預威力極大。不過央行第一次出手，仍然容易受到投資人的挑戰與

1999 至 2001 年歐元反轉

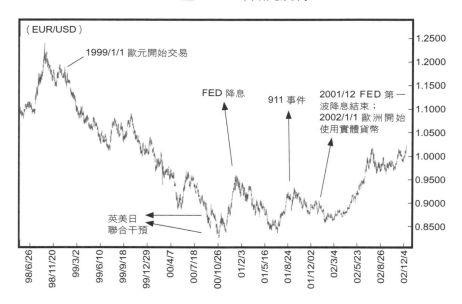

（EUR/USD）

1999/1/1 歐元開始交易

FED 降息

911 事件

2001/12 FED 第一波降息結束；
2002/1/1 歐洲開始使用實體貨幣

英美日聯合干預

測式，不會立刻反轉直奔，會形成小小的盤整。一段時間候再回頭看央行干預的點位，才會發現央行又贏了一次戰役。2000 年歐元從 0.83 進入盤整，9 個月後完全轉向，就是聯合干預的傑作（參見上圖）。

要研究央行干預的歷史，日本央行出手次數最多，最值得參考（參見下頁兩圖）。

1998 年日本干預阻貶與 LTCM

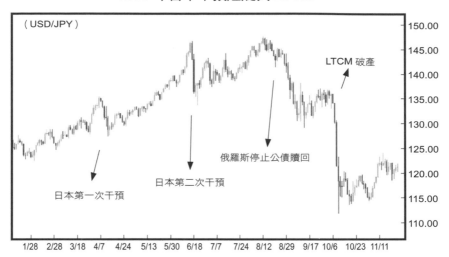

2000 年後日本阻升

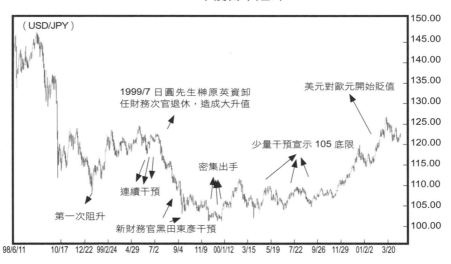

　　2003 年之後。直接干預的記錄較少，2009 年時瑞士央行曾出現顯著干預例子，這些的案可以歸納出一些特性（參見下圖）：

1. 央行大部份只會在該國匯率接近歷史重大關卡，或者本國匯率已經到了難以承受的地步時出手。

2. 央行並不會死守某特定價位，而是在價格突破後再動手將價格拉回。

3. 央行的目的並非坑殺投資人，因此干預前大多有口頭警告，表示「不希望匯率過度波動」。

4. 干預的行為經常不會只有一次，但也不會連續下重手。干預發生的隔一、兩日，全市場會傾向觀望，行情會震盪盤整，這時若有與央行方向相反的虧損部位，會有兩三天的時間等待較好的價格。

5. 事實上央行出手的時間點也相當固定，最可能的時間是選擇該國匯市開盤時段。其次是美國匯市開盤，避免對自己國家股市產生無預警的影響。

2009 年瑞士央行干預日線

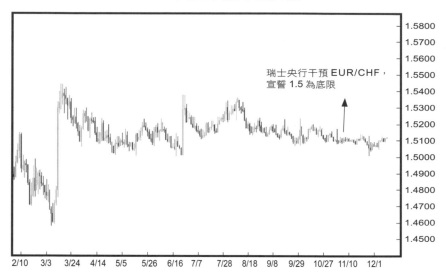

只要注意以上現象，要避開是有可能的。一旦匯市出現干預，基本面與技術面的資訊等同失效。大部份的專業投資人與法人會選擇 1 至 3 個月完全遠離該貨幣，以策安全。建議各位投資人，只要看到干預事件，短期內放棄對此貨幣賺差價的念頭才是上策。因為各國央行會有足夠的能力貫徹自己的目標，已開發國家的央行，每年 G7 會議都會集會見面，彼此之間

也有一定的聯繫。你我看到的干預行為，大部份已受
到各國央行默許，兩個國家央行對作硬幹機率微乎其
微，美元、日圓、歐元三大央行聯合行動可能性更高。
史上著名的央行失敗案例：1992 年英鎊驟貶，1997 年
泰銖失手，真正原因並非國際熱錢狙擊強悍，而是因
為不當的聯繫匯率制度造成的。目前 G7 貨幣都自由
浮動，央行在債市與貨幣市場操作愈來愈熟練，失敗
率更低。干預發生後 6 個月內匯率操作方向還是順從
央行的意圖較佳。

恐怖攻擊，天災與戰爭

　　在所有非經濟的意外事件中，股市的投資人對於
恐怖攻擊，天災都有非常深刻的印象與恐懼。但這些
因素對匯市影響都十分輕微！ 2005/7/7 倫敦地鐵爆炸
案發生時英鎊只是順勢再跌 100 點。一天之後就展開
強勁反彈！ 2001 年的 911 事件，當時由於美國證交所
關閉，因此大多數銀行也停止交易，行情反應在 9 月

2005 年倫敦地鐵爆炸案

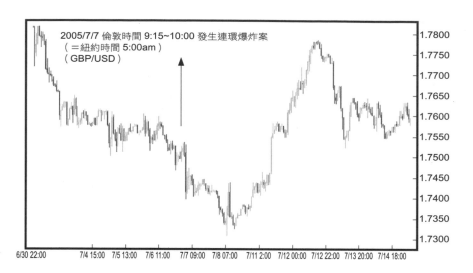

12 日走勢。從這兩個事件可以得知,這類非經濟的意外因素,影響都十分短暫,不到 24 小時,幅度也有限。歐元平均一日波幅就有 80 點以上,英鎊 100 至 130 點都是常態,恐怖攻擊只讓波動小幅放大,而且一兩天後又會回到原點。事後印證,對原先的方向完全沒有影響,會產生這樣的結果,主因就是非經濟的意外事件,不會有延續性,難以不斷重複發生,對歐

2001 年 911 事件歐元走勢

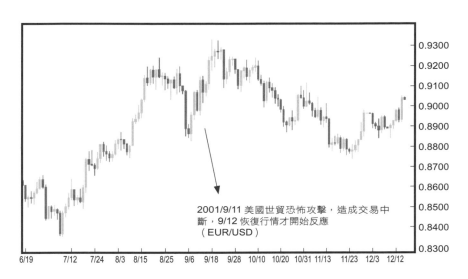

2001/9/11 美國世貿恐怖攻擊，造成交易中斷，9/12 恢復行情才開始反應（EUR/USD）

美麗大的經濟體系直接影響小。

　　投資人遇到這種狀況，大部份會選擇觀望停看聽，因意外而獲利的投資人會有強烈獲利了結的意圖，願意因此而追價的寥寥無幾，所以很容易產生短線的反轉行情（操作上等事件發生 12 小時後抓轉向的走勢是不錯的獲利策略，也符合人性）。股市的反應遠遠比匯市劇烈，也不是恐慌情緒造成的。意外若造成

選對外幣
10萬賺進1,000萬

生命財產的損失，各類保險求償的變現需求會非常龐大，賣壓有可能會延續。1995 年 1 月 17 日的阪神大地震，最後造成日經跌破 16,000 點大關，引爆李森事件霸菱銀行破產案。當時的李森就是選擇非經濟意外發生時，不做停損等待反彈，最後滅頂。面對非經濟突發事件，匯率操作者可以直接不理會，等待行情回復原有趨勢即可，但匯市的原則無法拿到股市運用！

　　戰爭是另一個世人關心的非經濟因素，相關案例更少，我們只用美國引發的戰爭當實例（參見下圖）。對股市來講，開戰等於大幅增加政府支出，因此股市的反應中長線都是利多。對匯市來講，市場認定只要美國開戰＝美國勝利，沒有人認為美軍會在任何戰役中慘敗大量傷亡。因此開戰的預期都會美元有利，美元將短暫轉強，等戰事真正開打後，行情就會回歸原先的數據與經濟局勢。第一次波灣戰爭走勢也類似，由於目前全球主要國家債務攀高，未來戰爭的影響有可能引發政府債務的擔憂，也會刺激油價上漲。通膨若成為市場主要擔憂的議題，開戰後需要注意經濟

2003 年波灣戰爭 VS 歐元

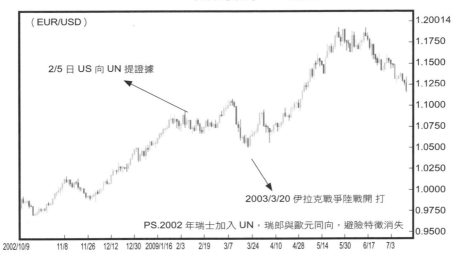

（EUR/USD）

2/5 日 US 向 UN 提證據

2003/3/20 伊拉克戰爭陸戰開 打

PS.2002 年瑞士加入 UN，瑞郎與歐元同向，避險特徵消失

2002/10/9　11/8　11/26　12/12　12/30　2009/1/16　2/3　2/19　3/7　3/24　4/10　4/28　5/14　5/30　6/17　7/3

是否有敗壞的風險。美國真正戰敗的歷史案例就只有
1973 年結束的越戰，由於無法取得任何回收，大量消
耗資金與資源。1973 年金匯本位瓦解，美股在 1974
年崩跌，經濟陷入衰退，美國發動美元貶值救經濟。
目前的伊拉克，阿富汗反恐戰事，與當年越戰類似，
經濟不容樂觀。

　　回到我們真正關心的焦點：匯市漲跌。戰爭的起
點行情走勢屬於非經濟因素，請以美國人的觀點去思

考：打仗＝解決紛爭＝贏，因此短線都對美元有利。
過去傳統上戰爭或意外，瑞郎都是避險受惠者。但
2002 年之後瑞士加入聯合國，「永久中立國」的地位
受到質疑。2003 年之後所有突發事件幾乎已經看不到
瑞郎會因避險而有特別的走勢，瑞郎走勢幾乎 100％
與歐元同步，因此開戰前瑞郎走勢傾向貶值，而非升
值！戰爭的後半段與末端，匯市完全回歸經濟因素，
因此只需要考慮數據與央行利率展望變化即可。

經濟意外事件：企業破產與債務違約

突發事件中，與經濟關連高的大多是企業破產與
債務違約案件，這類對行情會有顯著影響，而且牽連
廣泛、時間漫長，經濟相關的意外發生時經常是投資
客大量陣亡的時候，即使是投資老手，華爾街專家也
可能滅頂。不過，所有的企業破產與債務違約，不會
像天災人禍一樣毫無預警，在事件爆發前總是會有少
許的端倪。

　　破產與違約並不會隨機發生，國家與企業欠一屁股債不等於會倒，只有債務到期還不出錢才會出事，而且還不出錢的消息不可能密不透風。大多會有小道消息流傳謠言，大型債務到期時間一般集中在半年底（以前美國 6 月 30 日是會計年度結算），或者年底，少部份在季底。債務到期前 1 至 2 個月就會知道是否有足額資金償還，借舊還新是否順暢，造成違約事件引發股匯市震撼的時間點集中在 4 至 5 月或者 10 月，在這幾個時段若出現謠言，就需要提高警覺。

　　所有最嚴重的金融風暴，都不是股市崩跌造成的，債市才是風暴的核心。由於債券市場與貨幣市場保本的特性，一旦有問題，大量的衍生性商品與保守資金集體撤退，才會造成災難性影響。就像股市崩跌30％，只會引發投資人抱怨，並不會影響交易機制順暢。但是若有銀行宣布存款不保本，只償還 90％本金，會立刻引發擠兌、銀行倒閉，就算恢復正常，還是沒人敢去這家銀行存錢。因此，債市經常是先行指標。當市場有謠言，債市利率不正常的偏離央行指標

利率時，就需要提高警覺。密切注意消息，並對投資部位設定停損點，這時觀察風險指標（後文再詳述）、CDS（債券違約交換）報價，參考價值高。

當破產與債務違約發生後，消息已經被媒體密集報導，且股市也大幅重挫反應後，經常是短線上較接近末段的時期，這時與危機相關的消息影響力大，反向的經濟數據利多容易被忽略，影響時間也較短。這時對經濟數據的判斷分析，要特別注意時效性，例如，2010 年 1 月希臘債務問題正式成為市場焦點，引發全球股市下跌（2009 年 11 月底的起點只造成歐元大跌）。2010 年 2 月歐洲與德國公布 GDP，影響力會大幅降低，因為那是 2009 年 Q4 的事，但 2010 年 2 月的歐洲與德國零售數字影響力是正常。因為統計時間人們已經知道歐債問題，消費行為已經包含對希臘債的影響。除此之外，市場可能到了經濟數據公布時，才真正引發大行情，2008 年房地美、房利美被國家接收，雷曼兄弟 2008 年 9 月 15 日破產消息證實後並沒有立刻引發股市崩跌。行情大幅下跌是發生在當年 10

2009 年杜拜與非農事件

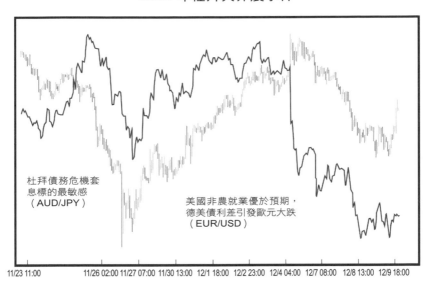

杜拜債務危機套
息標的最敏感
（AUD/JPY）

美國非農就業優於預期，
德美債利差引發歐元大跌
（EUR/USD）

11/23 11:00　　　11/26 02:00 11/27 07:00 11/30 13:00　12/1 18:00　12/2 23:00　12/4 04:00　12/7 08:00　12/8 13:00　12/9 18:00

月份非農就業數據公布前，市場預期非農加速惡化。

2009 年底，杜拜債務延期，希臘債 CDS 就已經開始

上升。德國與美國利差擴大，但是歐元崩跌的起點，

是 12 月美國公布非農優於預期（參見上圖）。這時投

資人才認同希臘債務讓歐美經濟狀況出現巨大分岐，

畢竟突發事件不會天天發生，只有經濟數據惡化才會

讓投資人感受到絕望！

信用違約交換（CDS）

　　信用違約交換（Credit Default Swap, CDS）是一種衍生性商品合約，一般由大型銀行發行。CDS 等同是債券的保險，持有債券者可以向銀行簽定契約，若未來債務違約，將由銀行收購債券或者直接賠付金額。大部份 CDS 都是對本金的保障，主要合約有效期都是 1 年，也就是說若債券到期還有 10 年，債券持有者必須每年決定是否購買 CDS，難以一勞永逸。

　　由於每一個單一債券會有不同銀行發行不同到期時間的 CDS，因此 CDS 雖然有次級市場，但流通性並不高。大部份 CDS 都會被持有到期，CDS 難以因為價格飆高就賣出賺取資本利得，債券持有者會在出現違約風險上升時才積極找銀行簽定 CDS，造成 CDS 價格會比債券殖利率更敏感，更早出現反應。

　　歐洲有編製 CDS 指標（iTraxx cds index）來反應不同地區，不同信用評等的債券 CDS 價格變化。iTraxx index 有店頭市場交易，也有期貨交易，讓債券基金經理人可以更方便的做避險。過去 CDS 主要

交易量集中在公司債，不過 2009 年 11 月開始主權債券（國家公債）CDS 急速飆高。歐債問題成為市場焦點，這個事件 iTraxx index 並沒有敏感的反應。

　　另一家民間研究機構 http://www.creditresearch.com 製作的 CDS 指標有更詳細的分類，敏感度較佳。除了各類債券的風險以外，Counterparty risk（交易對手風險）需要特別注意，這代表了發行 CDS 金融機構本身的違約風險。2008 年的金融海嘯，雷曼兄弟倒閉被美國財政部評估為衝擊小於更早的貝爾斯登銀行破產。但因為引發 AIG 大量的 CDS 無法償付，才變得一發不可收拾。雷曼兄弟倒掉，就只有買雷曼債券的投資人賠錢打官司求償。但是 AIG 出事，CDS 本身違約，原本體質健康的債券 CDS 同樣做廢。所有 CDS 價格會同步上升，債券被拋售，風險會漫無止境的傳染擴散，而且沒人算得清楚 CDS 發行銀行到底會賠多少錢，也不知該如何制止虧損。2008 年的金融海嘯，讓全球金融業體質資本脆弱不堪。Counterparty risk 才是所有風險事件中最恐怖的！

綜合過去的經驗，請各位讀者牢記幾個規則：

1. 「Buy rumors, Sell the fact.」市場怕的不是虧損，而是不確定性。當市場流傳謠言，而且行情有反應，不易反彈時，請相信謠言，忽略經濟數據（因為統計緩不濟急），這可能會是短期趨勢行情的起點，輔助觀察指標是風險指標、債市動向、CDS走勢。

2. 當消息已經變成媒體頭條，造成股市大跌後，可能接近短線的終點（股市總是落後債市）。這時要特別注意事件的傳染性，危機擴散到不同市場，局勢發展可能一路惡化，別輕易嘗試「危機入市」這個說法。

3. 重要經濟數據可以引發行情，讓危機演變成大趨勢。

4. 危機不會無止境。結局有兩種：第一，市場價格跌夠了，自然能解決，這時風險指標，債市仍會領先股匯市轉向；其二，央行出手，別忘了各國央行不是死人，央行肩負穩定金融的重責，有可能出手救市。央行一出手，即使長期無效，也會是短線行情發展的終點。

由於危機引發的行情波動激烈，猜測結束點十分重要，不過在經濟意外事件中，最重要的還是嚴格控管風控。由於波動率急速放大，漲跌都很快，輕易的加碼或放大槓桿，很可能明明看對趨勢，最後還賠錢出場！

技術分析與基本分析之爭

長久以來，技術面操作者與基本面操作者總是各執一詞，彼此相輕。雙方都有大批擁護者，各自也有少數的贏家與一狗票的輸家。

事實上技術面與基本面系出同源，都是從歷史經驗中找尋猜測未來的線索。只不過技術分析只單一針對成交價做研究，少部分加上成交量，以歸納法尋找投資人固定的行為模式。若是對交易的結果，區分交易人的身份，就稱作籌碼分析。對交易結果加上新聞事件，或者搭配經濟學術原理，做演繹法羅輯推論，就稱為基本分析。若統計的資料時間過長，統計樣本

過於龐大，技術分析會發現無法找出單一結果。市場的慣性時間有限（至今只有波浪理論例外），也因此技術分析經常只統計較短時間週期內的變化，基本分析同看觀察歷史，但時間反而是愈長愈好。300年前的鬱金香泡沫事件，對今日的投資操作仍有極大的參考價值。金融局勢千變萬化，可投資的商品更是日新月異，但人性似乎永恆不變。

　　市場不存在必勝的法則。面對未來，不確定性也永遠無法排除，再怎麼分析，得到的都只是勝率。經過正規統計學的研究，技術分析的勝率事實上比想像中低。大部份的規則勝率低於60％，市場也難以找到放諸四海而皆準的通用標準。不同的投資商品，遊戲規則不同，特性一定不一樣。定存的投資報酬畫成線圖，所有的指標全部都很準，距離到期日剩1、2天的價平選擇權。幾乎所有指標都沒用，不同的投資標的市場交易規則本來就不一樣，但技術分析無法分辨差異。

　　基本面一樣有重大缺失，我們不可能知道市場全

部的消息，此外人類的心理反應，雖然經過較科學的
研究，但至今仍難以用最重要的科學語言「數學」做
描述。市場價格本身幾乎等於是資訊加上人性反應過
的結果，行情有可能大幅偏離基本面，到所有投資人
都難以忍受的程度，技術面得到的資訊的確有領先基
本面的可能性。與其爭論基本面與技術面到底誰對誰
錯，倒不如找出每一個方法的原理，藉此分辨兩者可
能出現錯誤的地方，並找出技術面與基本面能相互配
合的用法。

　　再以前文所提及的美國非農就業數據公布後的判
斷法則為例：

1. **技術分析告訴你**：根據過去的交易結果運算後。指
　標會告訴你多空，但是看 5 分鐘線，看小時線，看
　日線週線，同一指標顯示的方向很可能完全相反。
　這時分析師會告訴你短空長多。但投資人沒有這種
　操作法則。投資只有買、賣、觀望不動三種手段。
　一定要決定到底該用哪一條線做決策，這個判斷就
　可能參雜了自己的主觀想法。

2. **基本分析告訴你**：數據好就是經濟好，數據差就是
   不好，方向是單一的。但行情是否會因此反應？或
   者早已預先反應？可能反應多久？數據中都沒有答
   案。不過好處是投資人做決策時變成二選一的問題：
   你只會在「買進 VS 觀望」，或者「賣出 VS 觀望」
   中二選一，不會有買賣決策相反的困境。

3. **本書所講的運用法則**：運用技術分析的趨勢法則，
   並明確的定義時間就是數據公布 9：30pm 後 1 小時
   或 2 小時走勢。這段時間行情有方向才考慮追，要
   判定是否有方向，目測即可，一直漲或一直跌必定
   人人都看得懂。若你沒有自信，那就隨便找個趨勢
   技術指標來當輔助判斷也可以，不大可能做出相反
   的結論，最差不過就是看不懂，看不出方向就視同
   沒方向。

   但我還用了基本面的法則來判定值不值得追價。基
   本面的訊息有意外，認知與資訊的差異才是行情動
   力的根源。符合總體經濟邏輯的演變趨勢較能維繫
   長久時間，這跟大家都學過的古典力學原理十分類

似：物體在沒有外力的情況下，將會朝慣性的方向前進。但若有新的作用力發生，就可能改變原先行進的方向與軌道。外匯市場「新作用力」發生的時間都很固定，不是在歐美開盤時段，就是在數據公布時刻。將這幾個時點，當作是短線技術分析可能的趨勢起點，是否真的出現「新作用力」，由技術分析與觀察行情走勢來判斷。「新作用力」力道大小，可能持續多久，由基本面判定。基本面與技術面是可以相互搭配合作的！

然而，經過了認知與記憶的扭曲、盈虧產生的欲望、媒體的渲染、話術的追捧，技術分析雖然愈來愈普及，但各類解釋充斥，天天都在上演一個行情各自表述個情境。20 年前，台灣最貴的報紙就是每天下午出版的證券報，上面密密麻麻的 K 線圖、技術指標，加少數幾篇文章，一份要價 40 元，太晚出門還買不到，自從電腦與網路普及後，這類報紙絕種。目前書報攤上仍有一份 40 元的報紙，不過是六合彩與樂透分

析，照樣賣得不錯。各位讀者覺得樂透明牌分析荒唐嗎？他們也是很認真的統計過去開牌的結果，搞不好還運用電腦程式做迴歸分析，再加上古老的易經原理運算。相信的人反而覺得其它人因為不懂，無知而排斥！當各位遇到這種彩迷時，你會盡最大努力規勸，還是默默祝福他？技術分析也一樣，很容易變成信者恆信，不信者恆不信，只有在投資上遇到重大衝擊時，才會有少數人認真查證技術分析的真正效用。

當我們自己相信並形成某種操作邏輯後，真正能做改變與修正的也只有自己而已。你不可能因為一本書，或某個人的演講，就抹去過去所有的想法，重建一套理想的邏輯。若完全模仿與接受他人的操作法則，只要遇到一次或兩次虧損發生，心裡必然產生動搖。

這時過去自己用過的老方法就會自動重回腦海，造成更大的混亂，許多投資人會陷在這個無盡迴圈中，一邊賠錢一邊找尋賺錢的明燈，永遠跨不出來。我一直堅信，「投資只能體會，無法學習！」在漫長的

投資過程中，既不像樂透有明確開獎的時間，也不像考試有標準答案判定對錯。投資賠錢，可能是正常勝率下的交易機會成本，也可能是離譜的判斷缺失。

基本分析對猜測行情發動的時間點會比技術分析更模糊，自我偵錯的難度相對高非常多。技術分析易學，易判定對錯，代價是勝率比想像低，多空變換可能頻繁到交易成本會累積成大虧損的程度，而且在停損與認賠時容易違反人性，產生心理障礙。技術分析易學難精，而且難以剝離人性；基本分析龐雜，需要瞭解的背景常識極多，各有優劣。

如何建立起自己的操作與判斷法則是個大工程，而且每個人的性格與經驗都不一樣。只能透過實務交易，從賺錢經驗中累積對操作方法的信任，慢慢建立個人操作風格，這工作可能需要耗時數年，無法速成。這就是投資領域中「經驗」珍貴無比，價值不斐的原因。 $

第七課
搭配技術分析擬定投資策略

技術分析的偏差與謬誤

　　基本分析對大部份投資人來說，都顯得較為艱深難懂。許多技術分析論者認為，與其花長時間鑽研龐大的基本分析知識，倒不如努力精通少數幾項技術指標用法，就能戰勝市場。技術分析的確看起來單純，將價格加減乘除後就可以得到指引，投資人可能花 10 分鐘就有概念。但是技術分析有一個巨大的致命傷：當投資人使用技術分析時，會夾帶主觀看法與人性！幾乎無法分離。而基本分析雖然龐雜，但至少數據結果是絕對客觀的，花時間對付一堆數據，勝率會比對付自己的內心與欲望高很多。

　　很多書籍與分析師會告訴你，單純使用技術分析、嚴守紀律，就能簡單獲利。事實上，這大部份都禁不起實戰的考驗！技術分析包含了許多錯覺，讓人高估勝率。大部份的型態辨認、指標運用，都是採用回朔式的方法在找規則，比如說價格爆大量突破趨勢線，之後一路發展成大行情，這時投資人一定會對「爆大量突破」印象深刻，於是回頭找每一段大行情的起點，就會發現「爆大量突破」似乎頻繁發生，這時就會以為找到好方法，等下次一看到爆大量突破的行情時，進場真實操作，卻發現事與願違。事後諸葛亮、事前豬一樣！為什麼呢？

　　因為過去半年的行情中，「爆大量突破」可能發生10次，其中3次演變成大行情。投資人即使全部都經歷過，這3次會令人印象深刻。回朔式的研究，會看不到那7次爆大量但是突破失敗的案例。真實投資時，勝率其實只有30％，不只是勝率會產生錯覺。若我們還原每一次決策的現場客觀環境，輿論狀態，就會發現技術分析給的答案容易膨脹、貪婪，與恐懼，增加

投資人做出錯誤決定的機會。技術分析本身就包含兩大派別：順勢操作（追高殺低）與逆勢操作（低買高賣），因此不論行情怎麼變化，一定都找得到能夠解釋的理論（這真是分析師的天堂，也是投資人的惡夢），而且技術分析的答案，全部都是價格的變數。

只要價格一變，技術分析可以不厭其煩的變換買賣訊號，但是投資人能承受的停損次數是有限的！長線投資者連續停損 3 次，可能就損失 1、2 成的資金，加上 2、3 年的光陰甚至更久。這時很容易就覺得自己是豬頭，當初乖乖去定存就好了……短線投資人更慘。加上使用槓桿，連續 3 次的停損可能表示資金腰斬，遵守紀律因此賠 30％，與盲目亂操作賠 30％，對投資人來說是完全相同的結局。能夠連續賠兩三次還願意持續嘗試相同方法的投資人幾乎是「零」！技術派的多變說法，在虧損時很難給人指引，尤其是自己手中部位在虧損時，順勢派的技術分析告訴你要趕快實現虧損，等你停損後行情又漲回原來價位，分析師開始搖頭晃腦的告訴你「散戶是多麼的盲目呀！永遠

2009 年歐元 50 均線

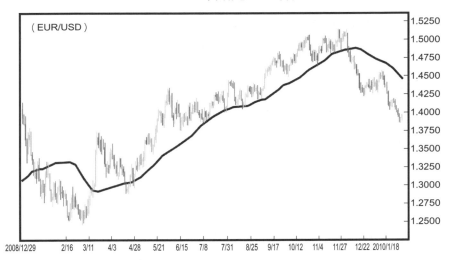

無法克服貪婪與恐懼……。」這時投資人 99.99％會在悔恨中拋棄當初使用的技術分析規則！然後找尋下一盞技術分析的明燈。不知有多少投資人陷在技術分析的邏輯迷宮中無法自拔。

以 2009 年的歐元走勢做案例（參見上圖），若我們以最簡單的技術指標：站上日線 50 移動平均線做多，跌破做空。分析師會告訴你：瞧！根據簡單的技術方法，你就可以在 2009 年 3 月或者 4 月底買進，11

月賣掉放空。做多賺 1,600 點，做空又賺 1,000 點。投資外匯好輕鬆容易！真的是這樣嗎？讓我們看一下真實投資會遇到的情境：

1. 2009 年 3 月做多的，可能在 4 月停損，反手放空。深深懊悔 700 點還不知足，貪心的結果變成賠 100 點出場。

2. 行情到了 1.32 若沒把空單停損轉多，那就真的完蛋，軋空到吐血，直接畢業離開市場。

3. 若每次站上就多，跌破就空。4 月下旬的來回震盪兩次可以連賠 4 趟，每趟都超過 120 點。加一加賠 500 點！這已經超過歐元期貨 100％的保證金，比傻傻不動任它斷頭賠得還要慘。

4. 若採用較嚴謹的定義判定何謂站上或跌破。多看一天，3 月初空單轉多單因為行情是急拉，慢一天多賠 500 點，掉下來跌破停損再 500 點，連賠兩趟 1,000 點比「情境 3」更淒涼！

5. 若多空轉向時不做反手部位。那 3、4 月的轉向可能變成空手，之後無所事事一整年。若另外設計進場

規則，可能買在更高價位，增加停損時的虧損。

6. 類似的判斷困難 7、8 月還有 3 次，11 月 1 次，每一次都是煎熬。錯了停損又是一次艱熬。每次都停損，全部加一加會虧 800 點，原本 1,600 點會少賺 400 點，1,600 點的行情剩下 400 點！

7. 2008、2009 年的行情已經是 10 年來極端的特例，若一般行情更多盤整與複雜走勢，全年做白工或倒賠很容易發生。

8. 當你加愈多的指標做綜合判斷，勝率不一定會提高。但可交易的機會將急速減少，技術指標可能彼此矛盾。進場時矛盾可以選擇觀望，但出場時無法這麼悠閒。若更換指標或者判斷法則，上述的困境仍會發生，減少錯誤次數的代價就是虧損幅度增加，減少虧損幅度，出手頻率就會增加，難以均衡。

9. 當增設條件在高點獲利了結。那 1,600 點波段就可能完全與你無緣，但上述的停損一個也逃不掉。

技術派分析師有告訴你這些嗎？分析師當作沒看

到即可，但投資人無法逃避。我不認為單純使用技術分析是獲利捷徑，陷阱太多，重重假象！

不過，不論投資人經歷多少教訓，技術分析會永遠盛行。不只是因為分析師刻意宣傳與誇大功效，生存者偏誤（survivorship bias）也是原因之一。《黑天鵝效應》（Nassim Nicholas Taleb）一書中有個有趣而傳神的小故事：美國有一隻火雞，從出生地就發現，人類每天都會給它食物，並幫它遮風避雨，總是不求回報。因此它認定，人類必定是火雞最忠實的朋友！一直到了感恩節前一天，一個可怕的意外發生了……，只不過牠不會有任何機會把這個故事告訴小火雞，因此下一代的火雞，仍會認為人類是最忠實的朋友。

技術分析經常在90％的狀況下有效，但10％失效，因為失效時行情波動急速放大，虧損幅度遠遠高過有效的時間，將「勝率 × 盈虧幅度」期望值是零，但投資人仍會感覺有效。運用技術分析賺錢的人，即使真正原因只是運氣（就像樂透算牌），他寫文章或者與其它人談論的意願會較高，但運用相同技術分析最

後慘賠收場的投資人，99％會選擇沉默。

美國有個有趣的超級盃指標（Super Bowl Indicator）：有些投資人相信，國聯球隊（National Football League）贏球時美股當年會漲，美聯球隊（American Football League）贏球時，美股當年會跌。根據此原則，1967年至今，勝率高達80％喔！比所有華爾街分析師都準。WHY？一切只是統計的巧合罷了，1967年至今只有40次比賽，樣本數少。國聯球隊歷史較悠久，球隊戰力普遍較強，恰好美國過去40年，其中有二分之一的時間處於百年來最長的多頭。結果就變成超級盃好像可以預測美股，技術分析統計過去，永遠可以找到非常符合歷史走勢的高勝率法則。但應用到未來，勝率就回復50％。

學院派鄙視技術分析，將它視為與巫毒術一樣的旁門左道，不是沒有道理！若加上人性，技術分析的效用還會再惡化！當市場處於泡沫的高點或者最悲觀的低點時，市場的價格已經偏離合理。但趨勢派技術分析會永遠叫你追價，很不幸的，萬一追在最高點，

反轉的走勢經常的急跌，投資人遇到意外的重大虧損時，很難做出果斷的決策。這種兵慌馬亂的關鍵時刻，正是投資人最需要指引的時候，媒體評論與技術分析經常只能添亂。天下太平時，人人都是投資專家，根本沒用，金融市場決定生死的時刻，都是極端行情。

基本分析一樣是勝率，不是必勝。但運用基本分析時，能出手的次數遠遠比技術分析少，而且基本分析給的答案，方向大多是非常明確的，不會頻繁變換，而且與行情價格走勢無關，也不會因為行情波動放大而急速變幻無常。在投資的茫茫大海中若找不到方向，看海浪航行與看月亮與星座當標竿，哪一個是較好的指引？當然只看天象就想航海一樣不可行，你還有可能撞到礁岩或被巨浪捲走。

技術分析是描述過過行情走勢的一種簡潔的表達語言，就像會計是投資人瞭解公司財務最簡便的共通語言一樣，瞭解會計方法不等於能找到會漲的好公司。但不懂會計，投資股市可能死得更慘！技術分析仍有其價值，它可以快速的讓我們瞭解過去發生的行

情，技術分析會在一部份的行情中非常有效，但它不是放諸四海皆準的法則。我們可以透過技術分析，解讀其中的人性成份，當作是投資決策中的輔助判定方法，如此最能發揮技術分析的功效。

進出場點的設計

各位可以透過前文，瞭解如何辨認行情的方向與猜測時機。但實務操作上確認進出場點，借助一部份技術分析原則可以提高勝率：

【進場】

順勢操作？ YES。技術分析中的順勢是個好方法，順勢追價的原則比逆勢低買高賣更容易辨別與執行。可惜技術分析中「順勢」沒有明確定義，因此公說公有理，婆說婆有理。在匯市，我們可以把順勢明確定義為「央行利率展望的方向」。央行要緊縮就會導致升值，寬鬆造成貶值，而且美國 FED 影響力永遠是

最大的！

　　爆量突破就追價？這也是個好方法，不過在匯市中沒有成交量的統計。波動率就是成交量的替代指標，當波動率放大時，若是順勢，就可以考慮追價。而同時限定追價的時點有兩個：第一，歐美開盤時段；其二，重要數據公布後。重大轉折的判定，也依循同樣原則，只是數據與事件的重要性會變得更高。數據出現意外結果時，產生的行情特別需要重視。

　　將技術分析的基本原則附加上基本分析的條件，就能大幅提高命中勝率。運用基本分析判定方向，用技術分析找尋時機，可以互補彼此的缺陷。根據過去投資經驗，基本面的因素會比行情走勢更早顯示方向的改變，只是太早出手，若遇到行情末端出現泡沫走勢。即使預知未來一樣會慘死，2000 年的網路泡沫，那斯達克指數 3,000 點經濟學家就已經提出泡沫警訊，最後衝高到 5,000 點以上，對本夢比嗤之以鼻讀投資人放空會賠得傾家蕩產，因此堅守「最低限度的順勢追價」有必要。即使我們對基本面的訊息有 99％的自

信，最好還是已經離開最高點，下跌 50 至 100 點再追空，抓低點也要看到反彈正在發生再買進，才不易陷入逢低攤平，愈攤愈平的窘境。

此外，進場點的設計，空手者一開使建立部位，最安全的做法仍是選擇關鍵經濟數據與事件公布後 2 小時（這就是基本面分析中「行情局勢變明朗」的時刻），行情出現方向性，同時波動幅度放大，再開始追價。全世界的法人、銀行、大額投資者都是在這種時機交易，所以行情會非常熱絡。我們不需要標新立異，找奇怪的時機進場，若錯過了方向轉折的關鍵時機，也不用擔心。

每日歐洲或美國開盤時刻，若出現順勢走勢、波動放大，仍是很好的進場點。使用基本面判定方向時，操作不會做反手單，也就是做多時必定長時間都做多，做空時也不會忽然變成做多，即使用期貨與保證金交易做短線操作，可能今天放空隔天就馬上平倉出場。但下一步仍是找做空的時機，要轉為做多，一定會觀察一段時間，搜集足夠的數據與證據才出手。

主盤貨幣、主要的影響因子是央行政策與債券利差，趨勢轉向前都容易盤整，觀察的時間會很充足，只要基本分析運用得當，不怕行情突然轉向，而是怕行情盤整太磨人！

【出場】

使用基本面判定進場點，我們會希望以較嚴謹的態度做判斷。最好消息面，時機都配合才出手，但若以相同態度選擇平倉出場時機，有時會緩不濟急。因此出場點的選擇並不一定會依照技術分析的訊號，也不一定需要遵守順勢的原則。猜測最高點與最低點是可行的，行情的末端，若能賣在最高點，與等確認行情方向已經轉空再出場，兩者相比，投資報酬率差異巨大！進場時嚴格遵守順勢追價原則有兩個好處，不易出現剛進場馬上大賠的窘境，也不易因為攤平操作出現風險控管的難題，出場點的判斷，不會有這兩項困擾，因此我們較有本錢做猜測。以下是幾個常用的手段：

1. **在不確定性增加前出場**：匯市可以預知的不確定
   性。就是美國非農數據與央行利率決議，若行情已
   經走了一大段趨勢，遇到重大的技術分析支撐與壓
   力。尤其是行情已經陷入短期停滯橫盤，讓人對未
   來的方向感到迷惑時，就可以考慮在重大事件前先
   行平倉。2009 年 10 月時的歐元走勢就是如此，10
   至 11 月 EUR/USD 1.50 價位屢攻不破，雖然當時一
   般輿論認為美元貶值將持續下去。但觀察央行動態
   就會知道，美國 FED 已經宣布將終止寬鬆量化購買
   公債（2009 年初開始的美元貶勢就是來自於 FED 印
   鈔寬鬆政策）。而市場對歐洲 ECB 升息的預期正在
   快速消退，行情與輿論看法矛盾。行情較接近最新
   的基本面變化，這時就可以在數據前抓高點出場。

2. **運用跨市場影響力找高低點**：首先要確認行情的主
   軸為何？（有主導力量的大概都是美股、美元、美
   債利率變化三選一）。2009 年 12 月之後美元的漲勢
   主因是歐債危機，歐元貶值是主體，其它非美可能
   同步，也可能補跌。以加幣 USD/CAD 的操作為例

2009 年底加幣／油價比較圖

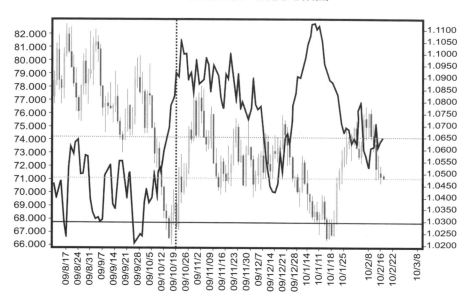

（參見上圖）：K 線是加幣，收盤線是油價。加幣
受油價與歐元影響，因為大方向美元在升值。USD/
CAD 只選擇做多，只要看到油價走升（12 月中旬與
2 月初）。即使歐元極弱，USD/CAD 也先找高點平
倉，運氣好就抓到轉折點，運氣差還有機會抓到小
差價。幾乎所有非美都可以找到次要的判斷條件，

而操作歐元時，輔助的判斷條件選擇德國與美國 10年債券利差，最適當。

3. **當初進場原因消失**：這是最正規的出場因素，不論賺賠都適用。以 2009 至 2010 年初的澳幣為例。澳幣的強勢來自於兩個原因：經濟好轉產生的升息預期；另一個是，中國原物料需求帶動澳洲礦業出口。其中升息是較直接的原因，中國經濟是間接因子。2010 年 1 月中旬澳洲會議記錄就透露停止升息的意圖（當時聲明用辭，分析師評論，行情反應都顯示如此）。那最慢到了 2 月正式宣布利率不變後，就該出場，牢牢記住自己最初的看多看空原因，才不會被媒體所言迷惑。

我認為最糟的出場原則，就是根據自己的盈虧與「反市場心態」來設計出場點，你我的盈虧永遠不會造成行情走勢的變化。虧損時的停損，確保自己還有下一次出手的機會很重要，但是控制虧損的幅度，真正該做的是控制自己的投資部位與使用槓桿。讓自己

有承擔行情波動的空間與做決策的時間。只要你是人類，當手中部位陷入虧損時，一定會有焦慮感。若以價格當作停損平倉的標準，時間的急迫性會讓人很難做出良好的決策。即使是大師級的巴菲特、索羅斯，要在 10 分鐘內做出可能重創自己 10 多年辛苦累積財富的決策，也是十分困難，你我不該三天兩頭考驗自己。分析師最愛講的「反市場操作法」投資人雖然總是聽了猛點頭，但這根本是輸家的幻想操作法！很多投資人以為 90％的散戶都賠錢，所以人多的地方不要去，跟散戶反著做就會賺錢。事實上根本不是這麼一回事，經過嚴謹的學術統計所得到的答案，散戶賠的錢主要輸在頻繁的交易成本損耗上，而非方向看錯。每一天市場交易的資金，總是有剛好 50％做多，50％做空才能撮合成交。「反市場」到底是要反哪一邊？分析師大多只是拿「反市場心理」做事後諸葛的解釋，而投資人拿「反市場心理」自由心證強化自我主觀，如此而已。

不論使用什麼樣的策略平倉結束交易後，儘量不

要上前一筆交易的輸贏，影響到未來的判斷。更不該讓之前交易的價位，變成未來決策的心魔，早一點回歸到先前基本面，數據、貨幣時間特性的判斷上，才能重拾較客觀健康的心態。透過基本面分析，可以完全把方向判斷與進出決策隔開，不會相互干擾，不易因方向誤判而慘賠。但進出場點的設計與風控，保持交易心態健康息息相關，對最後投資報酬成果影響仍然十分巨大。 $

第八課
跨市場資訊觀察

利差指標

　　基本面的分析中，除了經濟數據與新聞事件的解讀以外，有幾項常用的跨市場指標，可以作為輔助判斷，以下將逐一介紹。

1. **德美公債利差**：歐洲與美國的債券利差，有三個重要的指標：長天期債券的代表是 10 年債利差；短天期貨幣市場指標是 3 個月國庫券利差；最短天期的是隔夜拆款 Libor 利差。在 2008 年金融海嘯發生之前，三者是同向的。因此判斷時沒有難度，但是自從全球利率都接近零利率後，彼此可能出現矛盾（比如說隔夜利差歐美利差，歐洲較高。但長債利

歐元 VS 德美利差

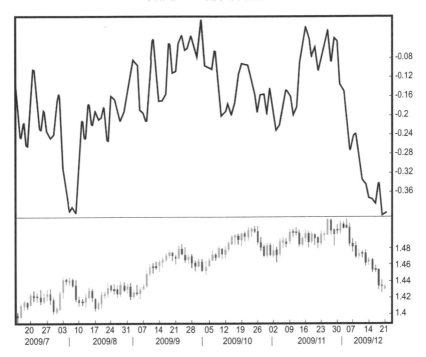

差歐洲較低），而影響非美，尤其是歐元，最重要
的是 10 年債利差，歐洲並沒有「歐元區債券」。市
場習慣以德國公債作為歐債指標，德國與美國的利
差變化，對判斷歐元短期走勢相當有效！（參見上
圖）。2009 年 7 月，德美利差從正數首次跌至 0 軸，

歐元在 1.42 附近出現兩個月的盤整。8 月底之後德美利差持續縮減，歐元再度重拾上漲動力。一直到了 12 月，德美利差負值急速擴大，歐元因此一路走弱。影響歐元短期走勢的因子，並非德美利差的絕對值，而是利差的變量，利差負值擴大。歐元走貶，正值增加，歐元走升，英國與美國長債利差一樣有參考價值。其它貨幣對就看不出明顯效果，因為歐元走勢會影響其它所有非美貨幣。

2. NOB spread：美國公債本身長短債利差，稱為 Notes over Bonds spread（NOB spread）。過去，以美國 30 年債與 10 年債期貨殖利率作為觀察主軸，但美國自 2001 年後一度停止發行 30 年債，因此目前多以 5 年債與 10 年債利差作為主要觀察指標，NOB spread 是用來判斷升息與降息機率的工具。由於長債的利率較為穩定，短債受到央行利率的牽引較大，因此當市場有升息預期時，短債利率會上揚，貼近長債，NOB spread 縮減。當可能降息時，NOB spread 會擴大，短債利率將下跌，這項指標可以與

NOB spread

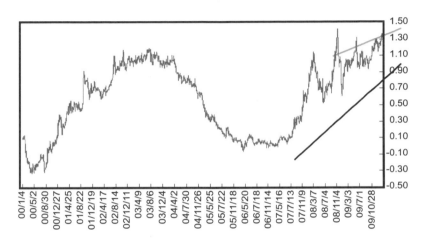

前文介紹的短天期利率計算升降息機率的方法搭配
運用。短天期的利率計算，可能會因為市場短暫的
避險需求大幅偏離，但 NOB spread 利差較不受影
響，若再加上央行言論的分析，較不易誤判央行的
意圖。

　　債券利差並不是萬靈丹，若各位讀者實務去觀察
利差變化，就會發現 95％的時間內幾乎都是一成不變

的，天天看根本看不出所以然來。建議當懷疑匯率走
勢有變化，或者央行利率可能改變時，作為查證的工
具即可。

風險指標

「市場風險」對許多投資人來說是個十分虛幻，
難以捉摸的名詞。我們可以藉以下幾個數據，觀察市
場對風險偏好的變化：

1. **泰德價差（TED spread）：** TED spread 指的是美
   國 3 個月國庫券（T-Bill）與 3 個月歐洲美元（Euro-
   dollars）或是 3 個月 Libor 利差。美國國庫券由美國
   政府發行，被市場視為最安全，零風險的資金避風
   港。歐洲美元是商業銀行發行的 3 個月可轉讓定存
   單（這是利率期貨，不是匯率）。理論上兩者都是美
   元 3 個月的利率，應該相等，但實際上歐洲美元利
   率會略高於國庫券。兩者的利差就是市場認為全球
   主要商業銀行龍頭潛在的倒閉風險貼水。2008 年金

融海嘯時 TED spread 就曾經異常飆高，它不但對金融海嘯的每一個危機事件都有良好反應，也明確的顯示 2009 年初二次海嘯，各類未爆彈謠言根本是子虛烏有。TED spread 類似 CDS 顯示的 counterpary risk 風險，都是極嚴重事件。TED spread 可從 bloomberg 查到：http://www.bloomberg.com/apps/cbuilder?ticker1=.TEDSP:IND

2. VIX 指標：VIX 是美國選擇權交易所 CBOE 所計算出來的美股選擇權隱含波動率。過去經驗顯示，當 VIX 急速增加時，美股有大幅下跌的風險。但 VIX 下降時，不一定等於美股容易上漲，VIX 的絕對值意義不大。當 VIX 當日漲幅超過 20％以上時，要特別注意美股可能出現持續下跌，造成市場避險需求增溫。VIX 可以在 CBOE 網站中找到：http://www.cboe.com/

3. Carrytrade 貨幣對走勢：套息貨幣對本身就是對市場風險非常敏感的標的之一。只要市場出現風險，套息交易者，尤其是對沖基金會寧願先平倉觀望，

造成套息貨幣對急速下跌，請參考前文所敘述的特性。Carrytrade 的觀察，以 AUD/JPY 最具指標意義，若只單看 USD/JPY 的走勢，很容易誤判。此外，也可以參考美股 ETF：DBV 的走勢。Carrytrade 對債市與新興市場可能的危機都十分敏感，有助於我們察覺非歐美經濟體係所發生的問題。

只要風險指標出現異常大漲時，要記得操作判斷，要相信謠言，同時多注意輿論的變化。經濟數據與技術分析可信度會降低，同時各市場可能會出現極端的大漲大跌。減少持有部位，降低槓桿永遠是此時最佳的操作策略。

通膨數據

一般評估通貨膨脹最重要的數據有兩個：消費者物價指數（CPI）與生產者物價指數（PPI）。其中 CPI 就是一般媒體所說的通貨膨脹率，不過 CPI 的計算中，

能源與食品價格會因為季節性而產生劇烈波動,因此央行一般重視的數據是扣除能源與食品項目後的核心通貨膨脹率(Core CPI)。不同國家的 CPI 組成分項比重差異會非常大,歐洲、美國等已開發國家,居住相關,服務相關的項目影響大,食品的影響小。但是開發中國家(像中國與印度)糧食與能源的價格占 CPI 比重會遠遠高於已開發國家。

　　當美元貶值造成全球商品價格高漲時,新興市場的通膨經常會立刻飆高。但是美國的 CPI,實際上與油價的相關性不會太高,反而與股市呈現高度的同步性。因此,當我們在猜測歐美 CPI 高低時,請優先考慮薪資與房價。這兩項開始增加後,CPI 比較容易加速上漲。

　　在央行的眼中,通貨膨脹並非經濟的毒瘤,所有的經濟成長都會伴隨通膨。當全國很多人都加薪後,商人也會想幫自己加薪,於是衣服賣價就上調了一點點,陽春麵老闆一碗就順便加價 5 元,通貨膨脹就發生了。因此歐美央行認定,核心通膨年率在 2％上下

是最適宜的水準,不冷也不熱,太低時就有降息的需求,過高就需要升息抑制。傳統貨幣學派的觀點中認為,央行的職責,控管通貨膨脹重要性遠遠高於促進經濟成長。當通膨過高時,寧願犧牲經濟也必須止住通膨無止境的上升。以過去 FED 的行為來看,美國對 Core CPI 的容忍上限,年率大約在 2.6%,歐盟也差不多,英國與紐澳上限可以超過 3%,日本不明(因為太久沒有通膨了),歐美的下限大約都是 1.5%。因此通膨數據對行情的影響力變化很大,當 CPI 接近 2% 時,市場行情對通膨數據會毫無反應,接近上限與下限時才會引發重視,投資人將開始猜測央行升息或降息的機率。

通膨數據對股市的影響力更混亂,很多人以為通膨對經濟是一件壞事。的確沒錯,通膨過高時企業難以獲利,央行會升息收縮資金。但是通膨本身對股市短期漲跌而言大部份都是利多!過去幾年最極端的通膨發生在辛巴威,其通膨率超過 1 年 100 萬倍,這個國家的股市並沒有因此崩盤,而是飆漲。股價一天可

以漲 35 倍，股市指數一天漲 250％！企業本身就是
資產與技術的綜合體，所有的通膨都會讓企業資產增
值，然後反應到 GDP 中。但通膨速度過快時，企業無
法將價格轉嫁給消費者，最後會導致消費減少，企業
獲利大衰退，這個階段股價到底會反應資產增值，還
是收益減少，就不一定了。

　　美國的 CPI 與 PPI 在每個月第 2 或第 3 週公布。
當 CPI 升到足以引發市場重視前，應該會先看到：第
一，就業數據好轉；第二，PPI 先行上升。同時輿論
與媒體討論通膨的聲音增加，這時就可以猜測 CPI 過
高時會增加升息的預期，造成匯率升值。反過來，當
CPI 低於 1.5％，一般並不會立刻引發降息的猜測。降
息的預期會等到央行會議前後才會升溫，除了每個月
的數據以外，歐盟與英國每一季會公布季度通膨展望
報告。這份報告的重要性會遠遠高於 CPI 數據，大部
份央行對通膨預估值都相當準確，通膨展望可以視為
調整利率的暗示之一。

　　實務操作上，CPI 與 PPI 很難成為匯率趨勢轉向

的關鍵因子，因為在經濟高峰時股市經常是最領先的反轉下跌的，之後才看到通膨 CPI 走跌與央行降息。而經濟好轉的過程中，CPI 上升也是落後指標，因此通膨數據大部份影響是在匯率升值時助漲，匯率貶值時助跌。短線上，當央行已經在會後言論中明確談論對 CPI 預估後，再來關注通膨數據的短線效應即可。

以史為鏡，可以知興替

　　除了從經濟數據、新聞，各項指標中有機會找出未來行情可能的方向與契機。歷史是我們最好的導師，在千變萬化的經濟局勢中，人性是最恆久不變的。貪婪與恐懼，讓 300 年前的鬱金香泡沫行情仍被現代投資人不斷提出來討論。2008 年的金融海嘯被媒體描述為 1929 年大蕭條之後最慘烈的行情，但若各位讀者仔細比對，就會發現 1974 年的走勢十分類似。而且過去 80 年，美國發生重大經濟衰退時，總是會發動美元貶值，讓股市與經濟恢復常軌，這招至少已經用過 4

次。只要知道這些歷史，2008 年底至 2009 年初就敢
大膽提出與媒體輿論不同的假設：FED 會讓美元貶值
救經濟，而且仍有效。只要敢假設，到了 2009 年春天
美股，非美貨幣開始漲升時就不會覺得不可思議，也
不會以為是短暫的反彈，這樣才能在轉向的初期進場
買進，或者在更早的時機大膽低接。

　　比對歷史會讓我們對未來看到的細微變化更有信
心，才有可能超越輿論，提早收集證據，並設計操作
策略、沙盤演練。局勢變化時，別人視為意外手忙腳
亂，我們看成理所當然，可以從容依照「證據」執行
操作計畫。2010 年初，人人談論經濟前景光明，金融
海嘯已是往事，但比對歷史，大型的危機，經常在復
甦 3 至 5 後再度陷入衰退，目前許多經濟現象愈來
愈類似日本 1990 年後陷入流動性陷阱的模式。而且過
去大量借貸，以債養債似乎也沒有步向康莊大道的成
功案例。金融海嘯後傳說經濟最強健，成長最快的中
國，就是借貸比率飆升速度最快的國家。

　　同時中國出現 1990 年日本與 2005 年的房市熱

選對外幣
10萬聯進1,000萬

潮，借錢總額最高的是美國，怎麼想都不容樂觀。這時又可以大膽假設……。

事實上，經濟學的發展與科學物理學相較，仍然非常原始。巨大的創新政策與變化不斷出現，貨幣制度裡的金本位制度，從西元前的羅馬時代一直用到1930年。由於頻繁的金融危機，因此才變成金匯本位，同時出現了「中央銀行」這種機構。1900年美國證券市場交易的主流是企業債券，「股票」這種當時被視為不保本的新金融商品一直到了1920年之後才變成市場主角，1929年的大蕭條讓凱因斯（Keynes）的經濟理論大放異彩。但只經過了30年，凱因斯的政策幾乎完全被執政者冷凍，剩下經濟相關學科的學生還聽過這號人物。

1960年後傅利曼（Milton Friedman）貨幣學派的理論成為全球央行奉行的最高原則，同時金匯本位再度瓦解，美元成為全球價值的基準。時間又過了30年，通膨不再是經濟最大的敵人，通縮才是惡夢。由於衍生性商品合約爆炸式成長，貨幣學派的手段幾乎

變成經濟步向毀滅的罪惡亂源，美元地位受到嚴重質
疑。新時代的經濟大師似乎仍未出線，全球匯率制度
是否再度巨變也是未知。不論是現在，還是未來，
每一段行情的背景都是獨一無二的。拿歷史事件來比
對，永遠只會類似，但不會一成不變的重演。

　　因此，在做歷史行情比對時，先盡量把情境與走
勢類似的全部挑出來，並瞭解每一次的背景與成因，
這樣才能用篩除法去掉最不可能的結果。2008 年金融
海嘯時，大部份媒體與分析都以為將重演 1929 年之後
大蕭條，一跌再跌，低檔橫盤數年，這樣的分析所犯
的最大錯誤就是輕視了 FED 的能力。1929 年時的金本
位制度讓歐美無法急速寬鬆貨幣，但現在的制度卻是
可以。不但如此，現在的 FED 主席柏南奇最主要的學
術研究就是金融危機時的央行手段，因此才會出現了
大反彈。

　　這時再次比對「經濟走出衰退」的歷史走勢，
1935、1976、1982 年的美股，1993 年的日經，都是
可能的指引。但若思考利率展望，1982 年最不可能重

選對外幣
10萬賺進1,000萬

演，因為現在無法再降息，之後每一個重要經濟數據與事件出爐後，都應該想想與先前比對是否出現重大矛盾或前所未見的現象，如果有，就必須謹慎思考可能的影響。2008 至 2010 年，美國非農數據處於負值，失業人口累積的時間，過去 60 年都沒有前例。美國 FED 寬鬆貨幣的速度與數量，也是前所未見。美股可能不會重演過去 50 年來任何一段的復甦走法。

歷史事件只會類似，但市場的情緒與言論雷同性會更高！2001 年科技股泡沫的崩潰起點。有一個重要事件：微軟反托拉斯法官司，這件事造成那斯達克指數大跌，但是新聞評論一面倒：這是個短期的空頭事件，不可能扭轉網路新經濟趨勢的方向。2007 年中國上證指數 6,100 最高點，一樣有一個重要事件：徵印花稅。新聞評論還是一面倒：因為印花稅只是短期降溫，不可能扭轉中國經濟與股市向上的趨勢。

2008 年歐元 1.6 高點，評論熱中討論：連哥倫比亞毒犯都不要美元。美國次貸問題這麼大，美元不可能走強，請注意，這不是反市場心態！這些輿論出現

時，行情都已經轉向，不但輿論出現異常的視若無睹，
而且連自己也會覺得行情發展不可思議。這種狀況才
可怕！正常狀況下輿論總是描述現狀，漲時看漲跌時
看跌，很少數的狀況，行情與輿論明顯矛盾時，行情
才是對的。

這些市場情緒，很難找到詳細的記錄，若各位讀
者能盡力把每一段行情中輿論的看法，投資人的感覺
牢記起來，自然對行情的敏銳度就會大增，這就是「投
資經驗的累積」所有的歷史比對，最大的功能就是讓
我們擺脫媒體與專家的思維。

別忘了輿論＝專家看法，他們的專長是描述現
狀。我們想猜測未來只能靠自己，我們需要比別人與
正常想法更寬廣一點點的想像空間，才能減少意外。
不過假設是否成真，是否已經轉化為交易獲利的機
會，這就一定要搭配札實的基本面證據、政策轉變。
最好還能看到輿論轉向，以及技術分析配合「大膽假
設，小心求證」，能讓我們提早發現獲利與操作的機
會。

選對外幣
10萬賺進1,000萬

研究歷史行情，有兩個好網站：

1. 道瓊官網有百年線圖：http://www.djaverages.com/?view=ilc

2. 聖路易 FED 網站有 60 年內美國各項經濟數據細目：http://research.stlouisfed.org/ $

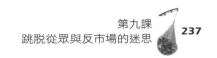

第九課
跳脱從眾與反市場的迷思

實戰總整理：交易員的判斷流程

步驟一：先瀏覽外匯行事曆瞭解未來 1 週可能發生的經濟事件。

步驟二：閱讀新聞瞭解目前市場局勢與輿論觀注焦點。

步驟三：瞭解主要貨幣、美股、美債、油價當前的走勢。

步驟四：找出未來 1 週最重要的經濟數據，並查看華爾街預期數字，猜測可能的影響。

步驟五：根據預期、擬定數據公布前，歐美開盤時段，可能的交易策略，或者數據公布後的進出場規則。

步驟六：為了提高勝率。要觀察：1. 標的波動率變化；

2. 相關區間標的走勢；3. 跨市場資訊：債券，油價走
勢；利差，風險指標；4. 搭配少量技術分析找尋較佳
進出場點。

步驟七：設定平倉與停損條件，並持續注意市場消息
變化。

　　　另外，數據公布後的判斷方式，可以用牛頓力學
定律做解釋：

牛頓第一定律：慣性定律。匯市：影響行情新的力量。
可能在數據公布時改變市場看法，或者在歐美開盤時
段一次釋放。其它時間，行情可能依原先趨勢慣性前
進。

**牛頓第二定律：加速度定律。匯市：影響匯率走勢新
的力道大小。**波動率放大愈快（＝速度），表示力道愈
大。各非美貨幣走勢，加上油、金、債市相關性愈高
（＝質量），也表示力道愈大。

**牛頓第三定律：反作用力。匯市：若數據有意外，與
預期差異大。**數據公布後波動也有放大，但卻沒有趨

勢走勢。這可能表示有我們沒觀注意到的反向力道存在，短線蘊釀反轉。

　　只要花心思實務判斷過幾次，回頭再看那些分析師的說詞。你會發現外匯投資分析，真的比想像中容易！

美國 FED 的貶值策略

　　從 1933 年之後美國經濟史，針對此可請參考前文布列敦森林協議就可發現，美國在面對經濟衰退困局時，都會動用美元貶值這個尚方寶劍。只不過 1973 年之前的貶值是透過直接宣布美元對黃金貶值，而 1973 年之後是透過降息促使美元對其它已開發國家貨幣貶值。貶值救經濟是美元身為國際結算貨幣的特權，事實上這不是美國人發明的。2000 年前的羅馬帝國也這樣搞！古羅馬貨幣奧里斯金幣（aurei），在西元前 20 年左右凱撒大帝發行時，重量是 8 克，到了西元 100 年尼祿的時代，剩 6.4 克，考古學家還發現，不只整

體重量降低，越晚發行的金幣黃金含量比例，總是在降低。

目前最常用來衡量美元價值的是美元指數，從1973 年之後的走勢可以看出，就是緩慢貶值，其中 5段急促的貶值如下圖所示。

2006 年之後柏南奇成為美國 FED 主席，他的貨幣政策遠比過去每一任都還要激進。柏南奇在學校任職時，是大蕭條與金融危機的研究權威。在 1997 年時與 Gertler、Watson 兩位學者共同提出一份著名的論文報告：「系統的貨幣政策與油價衝擊的影響」（簡稱為 BGW 模型）。這篇論文指出，經濟衰退中的最大衝擊，並不是油價與高通膨引發的，真正的罪魁禍首是央行抵抗通膨調高利率的行為！這篇與傳統貨幣學派理論相左的看法，在學術界引發了廣泛的討論。我們無法知道柏南奇的理論到底是對還是錯，只知道自從他成為 FED 主席後，正在認真執行這篇論文的核心概念。若其它央行，尤其是歐洲，持續執行傳統貨幣學派抗通膨策略時，FED 的貶值策略就會變本加厲，造

美元指數走勢與經濟衰退事件比對圖

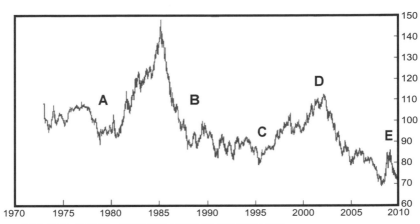

【A】1976~1981 年：第二次石油危機與 80 年代銀行大破產
【B】1985~1990 年：對日貿易失衡
【C】1994~1995 年：墨西哥金融危機
【D】2000~2003：網路泡沫
【E】2008~：次貸風暴引發金融海嘯

成史無前例的貶值速度。

　　美元的貶值，除了透過促進物價與資產膨脹，解決自身經濟問題外，另一個目的就是壓迫主要貿易國，緩解美國赤字問題。1971 年的主要貿易國是歐洲與德國，為了逼迫德日升值，當時的美國總統尼克森曾經威脅課征特別關稅 10％。最後德日妥協接受本國

貨幣升值，最後導致匯率自由浮動。1985 年五個主要
國家財長與央行行長在美國廣場飯店集會，達成廣場
協定（Plaza Accord），透過聯合干預讓美元貶值，日
圓迅速從 250 升值到 120。日圓升值讓日本產生經濟
泡沫，90 年代後破裂，主要貿易代工國轉為亞洲四小
龍，台灣就是其中之一，1990 至 1995 年，雖然日圓
已經開始貶值，台幣仍維持 25 至 27 元間的強勢格局。
2000 年之後，主要貿易代工國變成是中國，人民幣問
題成了美元的頭號目標。

　　美元的貶值策略，會造成其它國家經濟的痛苦，
90 年代的日本就是血淋淋的案例。雖然美國力量永遠
比其它國家都還要大，但其它國家也不可能無限承受
這樣的衝擊。尤其是 2008 年金融海嘯後，各國經濟實
力受損，承受能力更低。各國央行不斷角力的結果，
美元未來最可能以類似 1990 至 1995 年震盪緩貶的走
勢發展，直到人民幣獲得解決為止。

　　由於全球陷入零利率，加上柏南奇的獨特觀點，
貨幣學派透過利率影響匯率變得窒礙難行。這時貨幣

寬鬆量化，也就是央行出面購買公債，變成替代降息
的主要手段。各國央行也放棄「自由市場法則」頻繁
的直接進場干預，寬鬆量化政策其實是一招險棋，因
為公債是國家財政部發行，以國家主權信用做擔保，
央行買公債，等同是央行印鈔票支應國家財政透支，
這在貨幣銀行學裡稱為貨幣融通。就是造成 1920 年代
德國惡性通膨，1949 年中華民國金元券惡性通膨造成
經濟崩潰的根源。此外零利率也造成美元變成套息交
易的融資貨幣，這讓美元走勢對風險敏感度暴增，美
元成了推升泡沫的催化劑。

　　美元套利、寬鬆量化政策與柏南奇的 BGW 論文
與傳統貨幣學派的歧見，這三個因素加起來，成敗如
何，難以揣測。反正你我不是經濟學家，也不是主政
者，只是這場全球經濟實驗中的白老鼠。我們只需要
知道，這三者都會加大匯市的波動程度，讓匯市變成
激烈戰場。投資人務必做好風險控管，謹慎使用槓桿，
才能在匯市中生存，取得戰果。

歐元的積弊

歐元區 PIGS（葡萄牙、義大利、希臘、西班牙）
債務的問題並不是偶發事件。固定匯率制度的弊病早
在 20 年前就已經發作一次，當時趁勢而起的正是匯市
作手中最有名的索羅斯（George Soros）。當年事件的
導火線，是 1990 年的兩德統一。

1990 年東西德正式完成統一。由於市場對統一
後的經濟效益，東德的建設需求有強大的期待，造成
了馬克兌美元強勢，再加上急速飆高的赤字。德國央
行為了預防通膨急速升溫失控，一路把貼現率拉升到
8.75％，由於當時準備加入歐元的國家實行歐洲匯率
體系（ERM）要求各國將匯率波動維持在對馬克 15％
以內，固定匯率制度讓追逐高息的資金大量流入德
國，過高的匯率讓經濟體質較弱的英國與義大利雪上
加霜。1992 年 9 月英國與芬蘭難以再承受熱錢流，先
後宣布退出歐元機制。英鎊暴跌，索羅斯大獲全勝！

至今，北歐各國與英國仍然極力抗拒貨幣加入歐元，就是源自於這段歷史記憶。

當年的德國也沒什麼好下場。過高的德國馬克立刻造成東德企業失去競爭力，大量倒閉。失業與沉重的赤字讓德國經濟整整當了 15 年的歐洲病夫，直至 2005 年女總理梅克爾（Angela Dorothea Merkel）上任後才重現生機。

在固定匯率下，若兩個國家冷熱不均。經濟差的國家無法透過匯率變化自動調節貿易，經濟好的國家利率調整也有所顧忌。景氣在成長期天下太平，但景氣進入衰退期時，弱國經濟就會死氣沉沉，債務不斷累積。於是房地產退燒後失業率最高的西班牙，逃漏稅嚴重信用評等最低的希臘，債務全歐洲最高的義大利，就變成人人爭相走避的目標。

從以上資料來看，歐洲的問題有兩種發展的可能：

1. **希臘等弱國退出歐元（歐元瓦解）**：這是市場不斷流傳的謠言。但是只要有任何國家退出。就像當年芬蘭退出引爆英鎊崩潰一樣，必然會引起西班牙債與

義大利債拋售，再融資斷流，衍生的金融災難無法想像。不論是 ECB 或者各國政府都不敢做此決策。

2. **弱國債務重組**：與美國的州政府債務問題一樣。美國容許市政債券違約破產，當年的橘郡與加州就是這個模式。主權債破產只是債務展延與重組，債權人最後仍能收回本金，只有破產能逼迫議會確實執行裁員減薪的政策，歐洲是高社會福利國家，又長期實行民主制度。要大砍福利支出與公務員預算，必定是漫長痛苦的過程。

當然還有另一種可能：只要經濟自動恢復成長，一切好解決！全球政府債務暴增的最大原兇，來自於失業增加、失業救濟金、社福保險的補貼是無底洞，其次才是稅收流失。2008 年後產生的失業潮，時間長度已經超過 1945 年後任何一段衰退，金融海嘯後數千億的緊急救援措施，阻止了金融業崩潰。但對就業成效微小，經濟成長若能讓就業回復增長，所有問題將迎刃而解。反過來，就業沒起色，光是時鐘的秒針在

跳動，都是利空！

　　對於已經退出歐元的英國而言，局勢完全不同，英國可以透過利率調整，寬鬆量化，以及匯率貶值，換取英國經濟復甦。因此，英鎊重現 1992 年的崩盤走勢機率幾乎是零，即使英國被信評公司調降主權也只會是相對的利空，而歐陸的國家，只要有國家被調降評級，都會造成歐元沉重的賣壓。由於大部份銀行，保險業與退休基金，保守固定收益資金都只能購買投資級債券（標普評等 BBB 以上），一旦 PIGS 諸國被調降低於投資級，就可能產生新的風暴！

　　不過這不等於歐元將長期走貶，漫無止境。除了上述所提的兩種可能性以外，還有一種可能會造成歐元快速逆轉！當歐洲經濟加速惡化時，美國企業將會因為全球化程度高，會被拖累再度陷入衰退。1929 年的大蕭條起始點是美股暴跌引發破產潮，到了 1930 年蔓延到歐陸，德國資本與黃金儲備大量流失，銀行倒閉，最後被迫暫停支付外債。1931 年英國發生同樣情形，到了 1933 年，再度引發美國大範圍銀行擠兌，超

過一半的銀行破產。現階段企業全球化程度遠遠高於當年，熱錢自由流通，歐洲經濟惡化連鎖反應傳導到美國，時差可能只需要幾週。只要美國出現進入蕭條的跡象，柏南奇領軍的 FED 應該會立刻再實施寬鬆量化政策，以美元貶值拯救世界，2009 年歐元升值走勢將重演。

歐元的世紀大實驗，索羅斯一戰成名，巴菲特在 2005 年歐洲憲法公投不過之後黯然停損退出。歐元的架構由 1999 年諾貝爾經濟學獎得主蒙代爾（Robert A. Mundell）設計背書，而 2008 年得主克魯曼（Paul Robin Krugman）卻認為歐元是個錯誤，終將分裂。大師們對歐元的未來同樣充滿爭議，你我在面對歐元時，只需記得，這件事不會在短期解決，也不要輕易相信歐元制度將會失敗。即使如 1944 年的布列敦森林體系一樣失敗告終，歐元還是可能存活幾 10 年！判斷歐元的走勢，回歸 FED 與 ECB 利率展望才是最好的策略。

零利率的影響力

在 FED 低利率戰略中，美元會在兩種情況走強：

1. **經濟成長後半段**：這時一定有通膨，美股可能已經創新高。老美不擔心失業，而是擔心缺工影響經濟，這時美元才會是真正的多頭，像 90 年代後期。

2. **經濟衰退前半段**：因大量避險與平倉需求造成資金回流美國。

在零利率下，由於缺乏固定收益利潤。會有更多資金湧向國際，變成熱錢，這時匯率對風險的敏感度遠高於對經濟成長的偏好。最典型的例子就是 2000 年後的日本，日圓長期走勢與日本經濟脫節，與日經呈反向關系。日圓升值愈多，日本股市愈弱。美國經濟中貿易出口並非重要的推動力，美股走勢與美元相關性不可能會像日圓。但是長線上美元對風險的敏感度增溫會成為必然，AUD/JPY 這個標準的套息貨幣對在

大跌時，美元容易同步升值。

事實上，零利率、降息救經濟並不是免費午餐，它具有極大的後遺症。過去金融史中有兩段零利率的經驗：一段就是 2000 年時的日本，甚至到今天日本仍在與通縮奮戰，看不到終點；另一段就是 1933 年大蕭條後 10 多年，雖然羅斯福新政讓股市回春，但失業與衰退並沒有真正的解決。即使當時出現了凱因斯理論，但許多經濟學家認為真正讓美國經濟復甦的仍是二次世界大戰的破壞與重建需求。

當時零利率下的困境與目前日本類似，零利率實際上剝奪了財富擁有者的固定收益，尤其目前面臨戰後嬰兒潮的退休期，對應消失的消費金額也相當龐大。零利率壓縮了正常銀行體係該有的存貸利差，並且讓壽險業產生龐大的利差損失。金融業體質難以建全，當然零利率還會造成追逐泡沫的熱潮與通貨膨脹，所有弊病都會隨著時間逐步浮現，拖愈久愈棘手。1937 年美國進入大蕭條後的二次衰退，道瓊指數連跌 5 年！這就是許多經濟學家自 2009 年後不斷發出預警

的原因之一。

不論從 30 年代的美國或者 90 年代後的日本來看。零利率下股市的長期投資根本不可行！1980 年後美股漲 10 倍的榮景重現機率微乎其微。沒有 20 年人生可以等待的投資人需要找尋其它的投資方法，認真抓取每一段波段，並且在每一段跌勢中耐心等待（歷史經驗波段空頭長度約 9 個月至 2 年）。零利率的後段，連債市都會失去投資與避險的價值，日本利率降到零以後長債殖利率大約都在 1.5 至 2% 波動，無法再降。買債券不再有資本利得，最後的投資管道，剩下匯市，雖然匯率的波動會放大，風險增加，但投資機會仍比股市與債市多一些。此外，先行瞭解匯市特性，熟悉市場風險偏好與套息交易的關連性，對於判斷股市也會有很大的幫助。

中國＝最大變數

過去 20 年的金融災難，雖然引發的原因與背景各

異，但是有三個共同的催化原因：1. 新興市場泡沫過熱；2. 不當固定匯率；3. 套息交易。

　　1994 年墨西哥金融風暴，源自於 1990 年，由於美國殖利率已從 80 年代的 17％，降到 5％以下。而南美仍維持高利率吸引資金，希望外資能促進經濟發展，因此資金大量湧入墨西哥，造成了高通膨。政府為了控制通膨，採行固定匯率制度，盯住美元。90 年代之後美元持續貶值，不但強化的通膨效應，更讓中南美在實質匯率上升下重創出口。亞洲代工競爭力大增，造成赤字高漲，過去 3、4 年湧進墨國的熱錢集體外逃，墨西哥外匯存底迅速枯竭，最後被迫貶值，引爆危機。

　　1997 年的亞洲金融風暴雷同。90 年代之後，資金湧入東南亞，但經過競爭，亞洲四小龍（香港、台灣、南韓、新加坡）取得優勢，泰國落後。當時泰國同樣實行固定匯率，因此被對沖基金狙擊，泰國固定匯率失守，被迫貶值。引發 1997 年金融危機，這場危機讓所有新興市場的經濟體質惡化，亞洲的印尼、韓

國這些靠外資投資與貸款維持成長的國家，在該年一個個出現問題（台灣當時國家下令三商銀硬吃下中央票券，因此延到 2001 年才爆發本土型金融危機）。

1998 年俄羅斯被迫暫停公債償還，1 個月後引爆LTCM 事件，LTCM 是首度外匯日圓套息交易躍升為危機主角。當年 FED 主席葛林斯潘被迫降息因應，2000 年後美國降息到 1% 維持了 1 年（2003 年 6 月至2004 年 6 月），日圓持零利率，造成之後套息累積 7年。同時讓美國房市出現過度投資泡沫，2008 年起造成次貸與金融海嘯，套息交易再度大崩盤回到原點。同時東歐各國過度投資再次引發資金外逃短缺，冰島債務違約，俄羅斯雖然擁有 5,000 億美元外匯存底，照樣迅速流失過半。韓國一度想支撐急貶的匯率，差點釀成二次亞洲風暴。金融海嘯上全球同步降息到 1%以下（已開發國家剩紐澳還有較高利息），史上最瘋狂的印鈔速度止住的大蕭條立即再現的可能。但是何時升息，似乎遙遙無期。過剩的資金再度竄流入新興市場國家。

有沒有飲鴆止渴的感覺？而且愈喝愈大杯？

　　中國在金融海嘯其間將人民幣匯率再度盯住美元，與 2005 年的固定匯率不同。2008 年之後美元利率低於人民幣債券殖利率，這造成了近乎無風險套利的缺口。美元／人民幣變成了最大規模的套息交易，資金湧入中國，加大了中國的通膨。中國為解決貿易大減，經濟成長大降的可能性。1 年內國內貸款暴增到人民幣 10 兆，超過 GDP 總量 35％以上（由於中國 GDP 計算方法與歐美各國完全不同，在此先不討論 GDP 可信度，直接採信中國官方數字），熱錢與借貸讓中國房地產直線飆高。所有過去 20 年來引發金融災難的大小因子全數集中到中國身上。只差一項：目前中國代工尚無競爭對手，中國貿易順差不能消失！

　　中國的外匯存底已經超過兩兆美元，但是對抵禦危機完全無用，因為外匯存底並非中國政府的資產。所有外資進入中國，資金都被收繳，換成人民幣，外

匯存底是發行人民幣的負債準備，不只是熱錢如此。
過去 10 年來的代工辛苦所得，由於沿海省份的代工大
廠，許多都是外資、台資，或者合資企業。貿易順差
中超過半數會變成外資的股利收入（這也讓台灣股市
受惠不少）。俄羅斯的外匯存底，許多來自於天然氣、
原油出口。海嘯中外匯存底消失的速度仍令人怵目驚
心。2008 年後透過港元流入中國的純套息熱錢更多，
反轉時威力也會加大，這讓中國的資本管制難以放
鬆。2007 年曾經倡議的港股直通車，想讓中國民眾能
自由投資港股，疏解通膨壓力，就是在害怕資金外流
失控的考量下，緊急喊停，從此無聲息。

　　即使 2 兆美元的外匯存底全是中美利差的套息熱
錢。1 至 1.5％的利差 1 年等同流失 200 至 300 億美
元。以中國的稅收總額近 8,000 億美元，撐個 5 年、
10 年還是辦得到。壞就壞在 2009 年暴增的 10 兆美元
的信貸，加速了一切。2003 年後，為了解決國有銀行
的呆帳問題，中國拉高了存貸間的利差，讓各大銀行
貸款利率至今居高不下，仍在 5％以上，高利率使得

企業還款壓力隨時間呈等比級數惡化。

2003 年台灣金融業大發現金卡與推行信用卡借貸，一開始銀行似乎賺翻天，被視為走出 2001 年後本土型金融風暴的救命仙丹。撐了兩年就變成金融與經濟災難，美國 2003 年起透過房地產再融資的新金融商品吹起房市熱與經濟榮景，只撐了 4 年。10 兆信貸，所剩的時間有限。

1997 年的亞洲金融危機，2000 年後網路泡沫造成的美國經濟衰退。這段期間內中國為了維持經濟高成長率，企業大量借貸的結果，到了 2003 年。呆帳累積到近 600 億美元，不良貸款占銀行資產比率高達 30％，中國加入 WTO 後證券業因為熱中炒股，之後遇到網路泡沫，形同全數破產。因此，即使 2004 年後全球經濟復甦，上證仍然死氣沉沉，持續下探 1,000 點大關。

為了重建中國的金融體係，首先中國利用國有的信達資產管理公司（China Cinda Asset Management Corporation），收購銀行不良貸款，資金來源是發債。

也就是說，原本銀行一堆無法收回的逾放，變成了信
達的長期債券，資產負債表就看不見呆帳。信達資本
額只有 100 億人民幣，吃下四大國銀 4,000 億呆帳（約
500 億美元），但實質上銀行仍沒有資金。2003 年中國
以外匯存底成立中央匯金，對四大銀行注資 600 億美
元（匯金因此成為四大銀行大股東），至此體質調整完
畢。

　　2005 年國有銀行 IPO 上市，低價邀歐美銀行業入
股，再收百億以上資本，終於讓銀行業與股市浴火重
生。不過，資產管理公司債券換呆帳行之有年，2000
年之前就已經存在。原本冀望高存貸利差產生的獲利
能慢慢弭平缺口，似乎事與願違，2009 年 9 月信達宣
布債券展延 10 年。歐美銀行開始將 2005 年購買的國
銀股份獲利變現，股權一部份回到中國的國有壽險公
司。2009 年的 10 兆瘋狂信貸，可能讓 10 年來清理呆
帳的努力回到原點。

　　若全球經濟復甦過於緩慢，歐美國家債務難以
支撐長久的大規模刺激經濟計畫，可能引發進一步衰

退，中國的經濟體質仍會受衝擊，那會落入泰國當年的局勢。若人民幣升值，會大幅激勵熱錢與套息資金擴大湧入，並重創出口，陷入墨西哥局面。若主動貶值，會引發國際貿易聯合制裁，也有不小心觸動資金外逃的可能。於是人民幣問題糾結成近乎無解的珍瓏棋局，人民幣匯率持續盯住美元，利差仍會讓熱錢不斷套息，等同中國用國家財政無限餵養全球金融大鱷，而且不動產與股市大漲，會誘使資金追逐風險，增加股市不支崩跌引爆資金外逃可能。很不幸的，被誘入追逐泡沫的資金，一部份可能來自借貸；另一部份可能來自國企與地方政府挪用公款。股市下跌會增加銀行呆帳與地方政府負債，一切環環相扣，形成恐怖平衡。

在這個平衡的背後，支撐中國屹立不遙的是中國的經濟成長。只要 GDP 仍維持高速，熱錢與貿易盈餘就可以抵消一切，不過中國的 GDP 數據可信度一直受經濟學家的質疑。中國 GDP 採用獨一無二的 MPS 體係計算，只要產品生產出來，不論是否有消費，通通

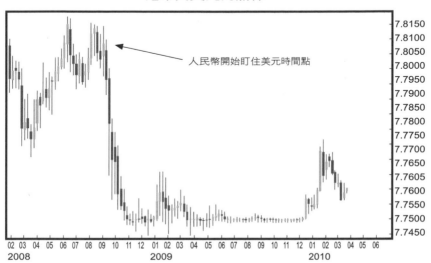

港幣與美元的關係

人民幣開始盯住美元時間點

都算是 GDP 成長。2008 年金融海嘯造成全球商品需求大減，原物料價格驟跌，中國的企業仍大量擴產，造成水泥鋼鐵等產業嚴重產能過剩。

　　不過企業是國企，資金來自國銀借貸，產品堆在倉庫，地方官員向上呈報的就是兩位數的 GDP 亮麗表現！這個循環極不正常，但中國執政者也不敢立刻糾正扭曲。10 年 GDP 保持 8％以上已經變成中國全民信

選對外幣
10萬賺進1,000萬

念，沒人知道成長消失後到底會發生什麼事。

　　2005 年之前，歐美輿論充斥的中國崩潰論，但近年來歐美投銀明明知到中國經濟數據的問題，但有志一同的全數消音。投資銀行領軍讚頌中國經濟的美好，購買中國的金融股賺得盈盆滿缽，中國買歐美的金融股卻賠到脫褲。不只如此，歐美大量銷售各類有毒資產，簽定衍生性商品合約與對賭合約。油價與澳幣的波動讓中國國企賠到政府抓狂，感覺像是周瑜打黃蓋，一個願打一個願挨。很不幸的，這讓我們更難從各種資訊上窺見真相，只能在五里霧中摸索。雖然現況不易探知，不過萬一局勢惡化，線索倒是非常單純，港元與香港黑市交易是中國最大的資金進出口。只要有資金撤出，港元匯率會先觸及上限「7.85」，或者中國的政策先行改變。新聞也能得知。

　　中國實行全球規模最大的計畫經濟，國企占據了幾乎全部的領域，全球每次金融危機，都是政府出手救援解決。這場史前無例的計畫經濟 VS 自由市場制度的大挑戰就變得極難評估，金融市場沒聽過不會破

裂的泡沫，也不存在永遠的無風險套利，但也沒看過
規模這麼大的經濟體完全失控慘敗。泡沫是否破裂，
局勢將如何演變，無從得知。只知從過去歷史經驗來
看，人民幣匯率是關鍵因素，只要人民幣不動，僵局
仍可持續。中國若擴大收購天然資源，有機會抵禦通
膨，最終找到解決之路。萬一局勢往過去新興市場災
難的老路演變，資金撤出中國的管道有兩個：一個是
港元；另一個是黃金。當港元貶至 7.85，或者黃金驟
升，就可能表示全球金融市場將捲入前所未見的風暴
之中！$

【後記】

　　當你被《選對外幣，10 萬賺進 1,000 萬》這個書名吸引後，一定想知道：「真的辦得到嗎？」可以，但是有難度！想達成目標，第一件事就是把書名產生的幻想拋到腦後。

　　「登高必自卑，行遠必自邇」，過高的投資目標會讓你不自覺使用過高的槓桿，或承擔無謂的風險，最終導致失敗滅頂。匯市大鱷索羅斯，從 1970 到 1980，年均報酬率約 40％，到了攻擊英鎊前，資產膨脹了 33 倍！剛好是把 3,000 美元變成 100,000 美元。時間花了 10 年！各位讀者不該追求過高的績效，大師真正的強項，不是一夕暴富，而是穩定性。看完這本

書所介紹的分析法則後，再看行情走勢，與財經新聞
的報導，是否有更清析的感覺？不過，或許離安穩賺
錢仍有一段距離。

　　如果沒有使用槓桿，單純使用外幣定存做投資，
應該不會產生太大困擾。只要有耐心，勝率應該不會
太差，但是使用有槓桿的投資工具時（如期貨）。真正
決定你是否能在市場存活的關鍵，並不是精良的分析
方法，而是嚴謹的風險控管程序，只是風險控管幾乎
沒有辦法透過學習獲得。每一個人的財務狀況、投資
目標、野心都不一樣，加上過去的投資經驗絕對不相
同，因此每個人對虧損的承受度差異極大，無法定出
簡單的規則。有些人虧損 5％就會焦燥難安，但有人
可以承受數千萬一夕腰斬，在極端的行情走勢中，前
者必須退出，後者卻能進場一搏資產倍增的機會，能
承擔風險者，才有資格賺錢。

　　想在外匯市場投資順利，第一件事就是要想辦法
獲得第一筆獲勝的經驗！初期投入的資金，最好是即
使虧損也能在短短幾個月從其它地方賺回來的金額。

這樣才能在相對輕鬆的心情下，好好做決策，最好的時機，可以從判斷央行決策產生的方向起步（很難被更重要的事件改變方向）。不論是短線還是小波段都好，賺錢才能累積信心，有了獲利的經驗，才會知道未來若遇到虧損時可能要花多久時間能賺回來。未來才能真正設計出自己下得了手的停損策略，萬事起頭難，這個階段可能需要花上 3 ～ 12 個月，才能摸索出自己適合的投資風格。

外匯是國際金融市場中最浩瀚的大洋，你我的交易對手可能是索羅斯、巴菲特等金融大師，也可能是某國央行行長。但這個市場非常公平，太小的事件無法影響行情，夠大的事件就不存在內線，市場不存在永遠的贏家。1992 年英國央行被擊敗，1998 年諾貝爾經濟學獎得主操盤的 LTCM 對沖基金，照樣被無數散戶吞噬。只要對訊息提高敏銳度，花時間收集資料，細心思考，並且常保持自我心態的平衡，就會是下一個贏家，共勉之！

【附錄】外匯 Q & A

Q：何謂「外匯」？應該向哪些機構購買？

A：兩個國家貨幣交換的價格，就稱為外匯。外匯交易的主要機構是各大商業銀行，包含現鈔換匯、即期、定存、遠期外匯，與其它衍生性商品。此外，美國 CME 期貨交易所可以交易外匯期貨，還有各保證金交易商可以透過保證金機制做交易。

Q：外匯市場何時開始交易？

A：正確的時間是週一早上 5:00 am（紐西蘭開盤）至周六凌晨 4:00am（美國收盤），每個時段會有不同的特性。

Q：主要的交易時段又是？

A：主要交易時段就是歐洲的交易時間 3:00 pm ～
12:00 am（夏令時間），其中歐洲早盤（3:00 pm ～
5:00 pm）與美國早盤（8:00 pm ～ 10:00 pm）最
重要。

Q：投資外匯需要很大的資金嗎？該準備多少費用？
多久交易一次？

A：銀行的定存，一般資金要求都很低，但由於外匯
波動不大，投資人要有 1 萬美元以上，比較能感
受到投資效益。期貨交易一口合約價值約 12 萬美
元，保證金最好也需要 1 萬美元以上，才能做合
理的風控。現貨保證金交易平台每口合約價值約 1
萬，投資人準備 2,000 美元以上即可入門。

交易的頻率因人而異，請不要自我設限，有人專
門做數據公布前後 5 分鐘的行情，持有部位時間
可能只有幾 10 秒，也有人做大方向波段交易，持
有時間長達 1 年！兩個方法都有極為成功的交易

者，只要記得，交易時間越短，不確定性與風險越低。但交易成本的損耗高，相對的，交易頻率拉長，交易成本會降得極低，但風險與不確定性增加。平衡點會隨各人習性與偏好有所不同，當你找到適合自己的交易頻率，你才能跨進成功的大門！

Q：外匯有所謂的保證金和槓桿比，是指何意？

A：交易商要求投資人最低必須擁有的金額，以承受行情漲跌產生的盈虧，就稱為保證金。以確保投資人的損失不會虧到交易商的資本，與股市的融資類似，槓桿的意思是投資人手中持有的部位價值／投資人擁有的本金，而此與保證金大小與比例無關！

例 1：帳戶內的保證金有 1 萬美元，放空一口歐元期貨。槓桿 = 125,000（合約價值）/10,000 = 12.5 倍，不論保證金規定是 3,300 元或者 2,000 元都是一樣的。

例 2：若上例歐元漲 200 點，產生虧損 2,500 美元，槓桿將變成：125,000/7,500 ＝ 16.6 倍，虧損會造成實質槓桿增加。

例 3：台積電 1 股 60 元，1 張 6 萬元，融資買進自備款 4 成＝ 2.4 萬槓桿＝ 60,000/24,000 ＝ 2.5 倍，

例 4：保證金帳戶內有 5,000 美元，買進 100K 的澳幣，槓桿＝ 100,000×0.9 目前的澳幣匯率 /5,000 ＝ 18 倍。保證金交易同樣合約（100K）會隨幣別有所不同。

Q：哪些貨幣是比較常被投資人交易的？

A：歐元 EUR/USD 是交易量最大的貨幣對，也是投資人最適合的入門幣別。而 EUR/USD、GBP/USD、USD/CHF、USD/JPY，則是匯市交易量最大的四大貨幣。

Q：如何看待外匯的多頭和空頭？

A：匯市無多空。歐元升值＝美元貶值、歐元貶值＝

美元升值，漲跌完全對等，匯率是兩國經濟的潤滑劑，升值與貶值效果是中性的。一個國家的貨幣貶值，該國購買力會下降，但該國產品競爭力會提升，對經濟是好還是壞不一定。

Q：本書所指的外匯和外幣活存有何不同？

A：貨幣本身是沒有盈虧的，存外幣活存時，帳面上只會看到利息收入。但當我們把外幣存款換回自己國家或其它國家的貨幣時，就匯產生匯率盈虧。因此做外幣存款，實際上隨時都有匯率變動造成盈虧的問題，而期貨與外匯保證金交易平台，只不過是隨時顯示盈虧給你看，如此而已，本質並無太大差異。但，實質的差異主要有兩個：第一，外幣活存不能做空（比如說無法做空歐元）；第二，銀行外幣活存的買賣價差，遠遠高於保證金與期貨平台。

Q：每點價值要如何計算？請舉例？

A：期貨外匯的合約是固定的，歐元、瑞郎、日圓每點＝ 12.5 美元，英鎊＝ 6.25 美元，澳幣與加幣＝ 10 美元。

現貨保證金交易平台的每點價值會隨貨幣對中的相對貨幣而有所不同，也會隨交易單位改變：

例 1：歐元 EUR/USD：100K 每點價值＝ 10 萬 ×0.0001（最小跳動點）＝ 10 美元。

例 2：日幣 USD/JPY：100K 每點價值＝ 10 萬 ×0.01 ＝ 100 日圓＝ 100/90 ＝ 11.1 美元。

若交易單位是 10K，每點價值為 100K 的 1/10。

Q：何謂保證金？請舉例？

A：最低保證金的需求是期貨公司與保證金交易商規定的，期交所會不定時公告與變更最低保證金金額。現貨保證金要求雖然是各交易商自訂，但是各國政府要求的金額不同。香港帳戶要求保證金最低 5％（100K 最低要 500 美元），英國帳戶要求

最低 0.5％，美國帳戶元本是 0.5％，但金融海嘯
後更改監管法規，目前迅速調高當中，詳情請詢
問各外匯交易商。